GENEALOGIE

DE LA MAISON

DE FAUCIGNY-LUCINGE.

Lm³ 359 A

GÉNÉALOGIE

DE LA MAISON

DE FAUCIGNY-LUCINGE.

BIBLIOTHÈQUE ROYALE

1er DEGRÉ. SIGEFROY, Gonfalonier de la Sainte Église Romaine et Préfet du Prétoire apostolique aux royaumes d'Arles et de Bourgogne, se trouve mentionné dans le mortuologe de Sainte-Marie de La Balme, comme fondateur de cette église, et l'on y voit marquée la mort du Comte Sulpicius, son frère, aux ides de septembre, la 4e année du pontificat de Jean XIII, la 29e du règne de l'Empereur Othon, et de l'incarnation du Christ an 969. Sigefroy est également nommé dans une bulle du Pape Léon IX, ainsi qu'on le verra dans l'article d'Emerard son fils. Par un acte du cartulaire de Savigny, il traite avec Itarius, Abbé de ce monastère, comme arbitre d'un différend survenu entre Ermengarde, veuve du Roi Rodolphe de Bourgogne; Humbert aux-blanches-mains, Comte de

Maurienne ; et Ligarius Archevêque de Vienne. La chronique de saint Iudox lui donne le titre de Gonfalonier des armées du Saint-Siége sous le pontificat de Benoît VII ; et suivant un autre passage de la même chronique, il avoit épousé MISCELLA COLONNA. On ignore s'il est fait mention de cette alliance dans les archives de cette maison, la plus illustre de l'état Romain : c'est un fait enseveli dans la nuit des âges avec profondeur, et la maison de Faucigny n'a conservé aucun document ni même aucune tradition relative au mariage de Sigefroy. Plusieurs anciens généalogistes avoient écrit que le même Sigefroy et le Comte Sulpicius, son frère, étoient les fils puînés de Conrad Ier du nom, troisième Comte de Genevois ; mais comme ils ne s'appuient sur l'autorité d'aucun document précis, et qu'on n'en voit la marque nulle autre part, on mentionne ici leur opinion sans lui donner créance. Sigefroy avoit eu pour fils unique Emerard, dont l'article suit :

2e DEGRÉ. EMERARD, Souverain Seigneur de **FAUCIGNY**, et Marquis des Alpes, est nommé fils de Sigefroy et père de Louis Seigneur de Faucigny, dans une bulle du Pape Léon IX, au sujet des indulgences accordées par le même pontife, à l'effet d'obtenir de Dieu le repos de l'âme de Sigefroy, la bénédiction de l'Apôtre Saint Pierre pour Louis, son petit-fils ; et principalement la prospérité spirituelle et temporelle dudit Emerard, lequel traitoit alors pour la rançon du Pape, avec les Normands qui l'avoient fait prisonnier. Cette bulle est donnée la deuxième férie de la première lune, année de l'incarnation 1049. Emerard est qualifié *Dominus Fuciniaci et Alpensis Marchio* dans un rescrit de l'Empereur Conrad le Salique, dont l'original étoit aux archives de l'abbaye de Savigny, et dont une ancienne copie, citée par Grotius, étoit conservée dans le cartulaire de Malines. C'est à Emerard qu'on doit rapporter les fondations de l'Abbaye de Sixte et du Prieuré de Chamounix, les deux plus anciens établissemens conventuels de la province de Faucigny; mais les premiers actes de ces fondations n'existoient déjà plus au commencement du XVe siècle. Il paroît que le même prince avoit fait ériger son église de Bonne en siége épiscopal, car le titre d'*Episcopus Bonopolitensis*, porté par *Waltherius de Clusià*, sujet et contemporain du Marquis Emerard, ne sauroit absolument s'appliquer qu'à la même ville de Bonne, ancienne capitale du Faucigny, cité romaine et mentionnée sous les noms de *Bonopolis* et de *Bontas* dans les inscriptions antiques d'Aoste, et dans l'itinéraire romain pour les Gaules. On a pensé qu'après la mort d'Emerard de Faucigny les Evêques de Maurienne et de Genève avoient dû réclamer contre une érection qui dépouilloit leurs siéges, en enlevant les cent quatre-vingt-quatorze églises paroissiales, collégiales ou conventuelles du Faucigny à leur juridiction, et du reste on n'aperçoit nulle part que le même Gaultier de Cluses, Evêque de Bonne, ait eu des successeurs. Emerard, Marquis des Alpes, avoit épousé OEDYWE D'ANGLETERRE, sixième fille légitime d'Edouard-le-Vieux, petite-fille d'Alfred-le-Grand, Roi des West-Angles, et sœur des Rois d'Angleterre Athelstan et Edmond Ier. La même OEdywe

ARMOIRIES DE FAUCIGNY, *ancien*.
De sable au lion contourné d'argent.

D'ANGLETERRE, *ancien*
De gueules au léopard lionné d'or, passant.

avoit eu notamment pour sœurs consanguines Edwyge d'Angleterre, femme de Charles-le-Simple et mère de Louis d'Outremer, Rois de France; Ethilde, femme de Hugues-le-grand, Duc de France, Comte de Paris et père du Roi Hugues Capet; l'Impératrice Sainte Edithe, épouse de l'Empereur Germanique Othon I.; et finalement Elgywe d'Angleterre, surnommée *Toute-Belle*, et femme de Cludovic Seigneur d'Aquitaine. (V. Ethelwerd, Ingulf, Malmsbury, Hroswitha, etc., cités par Villano, par René de Lucinge, Seigneur des Alymes, par Walsingham, et dernièrement aussi par le docteur Lingard.) De son mariage avec OEdywe d'Angleterre, Emerard de Faucigny avoit eu le fils qui suit:

3e DEGRÉ.

DE FRIBOURG, *ancien.*

Coupe d'azur et d'argent, à l'étoile du dernier au canton dextre du premier.

LOUIS I du nom, Souverain Seigneur de FAUCIGNY et Marquis des Alpes, Ambassadeur de Philippe I, Roi de France, et de Baudouin Comte de Flandres, tuteur du Roi, auprès d'Alexis Comnène, Empereur d'Orient. Il se trouve nommé dans la bulle de Léon IX précitée, avec Emerard son père et Sigefroy son aïeul. Il précéda l'armée de Godefroy de Bouillon à Constantinople, et combattit ensuite avec les autres croisés latins contre l'Empereur grec, à la bataille d'Epidamne en l'année 1097, ainsi qu'il est marqué dans les *Acti Mediolani*, dans la Chronique de Talluyre, et dans l'Encyclique du Protosincelle Dioscore. Il avoit épousé premièrement SYBILLE de FRIBOURG, dont il n'eut qu'une fille, et secondement THETBERGE de SUABE, fille du Duc Rodolphe, élu Roi des Romains et des Germains en 1078, et de sa femme ADELAÏS de SAVOYE. La même Thetberge étoit veuve de Gérald II et mère d'Aymon II, Comtes de Genevois, comme il est prouvé par un grand nombre de chartes, et comme il se voit dans l'Histoire généalogique de la Royale Maison de Savoye, par Samuel Guichenon, vol. II, pages 1169, 1170 et 1171. (Edition de Lyon, 2 vol. in-folio, 1660.) Louis I avoit eu pour enfans :

DE SUABE.
D'or, à l'aigle impérial de sable, pour l'*Empire*; parti d'argent aux 3 léopards de sable, allumés, armés et lampassés de gueules; qui est de *Suabe*.

1° ITHA DE FAUCIGNY, issue du premier mariage de son père avec Sybille de Fribourg. Elle épousa vers l'an 1120 Aymon II, Comte de Genevois et de Vaud, avec lequel elle fonda l'abbaye de Bonmont en Vaudois par charte de l'an 1134, laquelle est rapportée par S. Guichenon. Ils eurent pour fils aîné Amédée I du nom, Comte de Genevois, dont la postérité masculine s'éteignit au XVe siècle dans la personne du Pape Clément VII, ainsi qu'on le verra plus loin.

2° GUILLAUME I. S. Seigneur de FAUCIGNY, dont l'article suit, et lequel étoit le fils aîné de Louis, Marquis des Alpes, et de sa seconde femme Thetberge de Suabe, Comtesse douairière de Genevois.

3° AMÉ DE FAUCIGNY, qualifié *Miles*, désigné comme frère consanguin de Guillaume premier du nom, Seigneur de Faucigny, et comme frère utérin d'Aymon II Comte de Genevois, dans plusieurs titres vérifiés, rapportés ou cités par Botero, Chiesa, du Butet et le même Guichenon. On a cru qu'il étoit la tige des premiers Sires de Thoires en Bresse; mais c'est une opinion qu'on ne sauroit établir avec solidité.

4° GUY DE FAUCIGNY, Évêque de Genève et Palatin de l'Empereur Lothaire, lequel fit donation de l'église et de la seigneurie de Contamines-sur-Arve à l'abbaye de Cluny en l'année 1139, ainsi qu'il est rapporté dans les Annales Bénédictines, et comme il est prouvé par un acte confirmatif existant au trésor de Chambéry.

4e DEGRÉ.

DE GENEVOIS.
D'argent, à l'aigle éployé de sable, mi-parti de gueules à la clef d'or mise en pal, qui est de *Genève*; coupé de cinq points d'or équipollés à quatre d'azur, qui est de *Genevois*.

GUILLAUME I du nom, Souverain Seigneur de FAUCIGNY et de Vallais, Vidame de Maurienne et co-Seigneur de Verceil, lequel est mentionné dans un rescrit d'Amé, premier Comte de Savoye et fils aîné de Humbert-aux-blanches-mains Comte de Maurienne, ainsi que dans plusieurs donations au prieuré du Bourget. Rodolphe et Gérard fils du même Guillaume, assistés d'OTTILIE de GENEVOIS, Dame de Faucigny, leur mère, comparoissent dans les mêmes chartes, où l'on voit que Guillaume I ne vivoit plus en l'année 1119. Il est qualifié *Dominus Faulcigniaci et Walasii, Vice-Dominus S. Johannis M. et Con-Dominus Wercelliæ*, dans un titre de l'abbaye de Sixte. Ottilie, sa femme, étoit la fille de Gérald I du nom, Comte de Genevois, et de GISELLE de BOURGOGNE, fille du Roi Rodolphe III. Le même Guillaume I laissa pour postérité masculine :

1° RAYMOND DE FAUCIGNY, qualifié *Domicellus*, lequel transigeoit avec André Prieur de Hautecombe, en l'année 1117, et qui mourut sans alliance avant son père et Rodolphe, son frère puîné.

2° RODOLPHE I du nom, S. Seigneur de FAUCIGNY, dont l'article va suivre en formant le cinquième degré de cette filiation.

3° GÉRARD DE FAUCIGNY, Évêque de Lausanne et Comte Palatin du Saint Empire Romain, mentionné dans l'obituaire de son église cathédrale, et cité dans les mêmes chartes qu'Outilie, sa mère, et que Rodolphe, Seigneur de Faucigny, son frère aîné.

4° AMÉ DE FAUCIGNY, Archevêque de Tarantaise, Évêque de Maurienne, et Général de l'armée de Lothaire, Roi de Germanie, lequel est nommé dans un acte scellé par ce prince à Rome, avant qu'il eût reçu la couronne impériale, et daté du jour saint Clément 1133. Il est également inscrit sur les tables généalogiques de l'histoire de Savoye, comme frère de Rodolphe I, Seigneur de Faucigny.

5ᵉ DEGRÉ. RODOLPHE I du nom, surnommé *le Vaudois*, Souverain Seigneur des pays de FAUCIGNY, de Vallais et de Vaud, lequel en 1125, aux kalendes de février, fut garant de la donation faite à Saint-Nicolas de Montjoux, par Amé III Comte de Savoye, en présence d'Aymerick Vicomte de Tarantaise. (Cette charte est pleinement rapportée par Guichenon, vol. II, page 31 des pièces justificatives de son histoire.) Rodolphe, avec Aymon son fils, se trouvent les premiers nommés sur la liste des seigneurs croisés, qui accompagnèrent Amé IV, Comte de Savoye, à la Terre-Sainte en 1147, ainsi qu'il se voit à la page 227 du vol. I de la même histoire de Savoye. Paradin, du Butet et même Guichenon paroissent avoir ignoré le nom de l'épouse de Rodolphe; mais suivant un ancien mémorial aux archives royales de Turin, provenant de celles du chapitre de Grenoble, Rodolphe avoit épousé *Constancia de Bellovisu D. Grandifridis filia*, et tout porte à croire que la même CONSTANCE étoit la fille de Geoffroy de BEAUVOIR Mestral de Viennois, lequel étoit frère de Sinibaldus Sire de Beauvoir en Grésivaudan. Rodolphe fut enterré dans la chapelle de son château de Châtillon en Faucigny, où l'on voit encore sa tombe, et comme il appert d'un obiit fondé par Aymon I, son fils, l'an 1152. Il avoit eu pour postérité les huit enfans qui suivent :

DE BEAUVOIR, *ancien.* De gueules plein.

1° AYMON I du nom, Souverain Seigneur de FAUCIGNY, surnommé le *Hardi*, lequel, par titre de l'an 1130, fut donné par Amé IV, Comte de Savoye, pour caution de sa parole envers Pierre et Simon de Savoye, ses frères puînés, au sujet des apanages qu'il accordoit à ces deux princes. Aymon fonda le monastère et fit édifier l'église de Notre-Dame du Reposoir en Faucigny, ordre des Chartreux, par charte de 1145. Il est garant de deux autres donations de l'an 1150, en faveur des religieux de Saint-Maurice en Chablais, par Humbert Comte de Savoye, surnommé *le Saint*, ainsi qu'il appert des pièces justificatives en l'histoire de la maison de Savoye. On a déjà vu qu'Aymon-le-Hardi partit pour la croisade avec Rodolphe-le-Vaudois, son père, en 1147. Il avoit été blessé de treize coups de lance au siége d'Acre, ainsi que le portoit l'inscription de son mausolée, en l'Église de sa forteresse de Châtillon en Faucigny. Il mourut sans enfans suivant son épithaphe, au mois d'avril 1156, et ce fut Humbert, son frère puîné, qui devint son successeur.

2° Humbert I, Souverain Seigneur de Faucigny, dont l'article suit, et qui succéda à son frère aîné dans la souveraineté de son état.

3° Rodolphe de Faucigny, surnommé *l'Allemand*, tige des Sires de Lucinge et d'Aranthon, Vidames et Sénéchaux héréditaires du pays de Faucigny; devenus successivement Comtes de Lucinge et de Brison, Marquis et Comtes de Lucinge, de Ronciglione, de San-Marco et de Coligny-Chastillon, Princes de Lucinge et de Cystria, Princes du Saint Empire et Ducs Romains, Grands d'Espagne de la première classe, Vicomtes de Lompnes et de Montberthold, Vidames de Belley, Premiers Barons de Bugey, etc. On suivra la descendance du même Rodolphe l'Allemand, après avoir tracé la filiation de Humbert, son frère aîné.

4° Ardutius de Faucigny, Comte de Genevois et co-Seigneur de Chablais, Evêque et Prince de Genève, Abbé commendataire de Clairvaux, de N. D. d'Abondance, et de Saint-Maurice en Vallais, Prieur de Nantua, de Saint-Sevère, etc., etc. Il fut créé par l'Empereur Frédérick Ier, surnommé Barberousse, Prince du Saint Empire Romain, tant pour lui que pour ses héritiers naturels, et pour ses successeurs audit siége épiscopal, « attendu la grandeur de sa naissance, l'antiquité de sa chaire apostolique et la noblesse de sa maison, » porte le troisième acte d'investiture impériale. La bulle d'or en garantie de ce dernier diplôme, étant apposée sous les yeux de Philippe, Archevêque de Cologne et Archichancelier de l'Empire en

Italie, la 20me année du règne de l'Empereur Frédérick Ier, laquelle date se rapporte à l'an de J.-C. 1170. Ardutius de Faucigny ne vivoit plus en 1179, ainsi qu'il appert du nécrologe de l'Eglise cathédrale de Genève, consulté par Chorier, et cité par lui dans sa généalogie manuscrite des Comtes de Beauvoir.

5° **Iolande de Faucigny**, femme de **Léon**, Despote de Dalmatie, laquelle est citée par Jean Tsetzès, et mentionnée par les auteurs de la *Tabula Fauciniaca* comme ayant laissé de grands biens à l'église patriarchale de Grado.

6° **Ponce de Faucigny**, Abbé de l'Insigne Église Impériale de Notre-Dame en Val-Roche, et de Sixte en Faucigny, libre Baron du Saint Empire Romain et Châtelain de la Balme, lequel prêta foi et hommage à l'Impératrice Béatrix, Duchesse de Bourgogne, par un acte d'aveu du mois d'avril 1168. Dans cette charte, écrite en style barbare, il est dit que le Seigneur Abbé s'engage à servir l'Impératrice Duchesse, envers et contre tous, à l'exception de notre Père le Saint Apostole de Rome, et du Seigneur de Faucigny, son neveu et son souverain.

7° **Raymond de Faucigny**, Damoiseau, qui mourut dans sa première jeunesse, et lequel est mentionné dans plusieurs actes passés ou scellés par Humbert son frère aîné, en même temps que Raymond de Faucigny Sire de Thoires, leur frère commun. Ce dernier changea par la suite son prénom de Raymond contre celui d'Etienne, sous lequel il est nommé dans tous les actes postérieurs à l'an 1215, et sous lequel prénom d'Etienne il est mentionné par la plupart des historiens.

8° **Raymond-Etienne de Faucigny**, Souverain Seigneur de Thoires et Châtelain de Wallemouts, lequel, avec dispenses du Pape Lucius, fulminées par Ardutius Evêque et Prince de Genève, épousa en 1167 Agnès de Villars, héritière et fille unique d'Etienne II Sire de Villars, et de sa femme Ulrique de Mâcon. Ce sont les auteurs de l'illustre maison de Thoires et Villars qui prit ses alliances avec celles de Bourgogne, d'Anjou, de Baux, de Châlons, de Savoye, de Forez, etc. Béatrix de Bourgogne, fille du Duc Eudes III et de sa femme Alix de Vergy, ayant épousé Humbert de Faucigny, Sire de Thoires et de Villars en 1249. Leur petit-fils, Humbert V du nom, épousa l'an 1296 Aliénor de Beaujeu, fille de Louis de Forez Sire de Beaujolois et d'Aliénor de Savoye. Le fils aîné de Humbert V et d'Aliénor de Beaujeu, Humbert de Faucigny, Sire de Thoires et VI du nom, avoit eu pour première femme Béatrix de Savoye, fille de Charles-Philippe, Comte de Piémont, et d'Isabeau de Villehardoin, Princesse d'Achaïe; en secondes noces, il épousa Isabeau de Châlons, fille de Jean, Comte d'Auxerre et de Tonnerre, et d'Alix de Bourgogne, Comtesse de Montbelliard. Humbert VII du nom, Sire de Thoires et Villars, eut pour troisième femme Isabeau de Harcourt, fille de Catherine de Bourbon, et petite-fille d'Isabeau de Valois. Alix de Faucigny-Villars, sa sœur, avoit épousé l'an 1362 Philippe de Savoye, Seigneur de Vigon, lequel étoit fils aîné de Jacques de Savoye, Prince de Piémont, et de Sybille de Baux, Maréchale héréditaire d'Achaïe, Néopante et Céphalonie. Odon de Faucigny-Thoires et Villars, Prince d'Orange et Seigneur de Baux, Comte de Genevois, de Beaufort et d'Avelyn, Régent de Savoye pendant la minorité du duc Amédée VII, Chevalier de l'ordre insigne de la Toison-d'Or, de l'ordre suprême de l'Annonciade, de l'ordre royal de la Lune de Naples, etc., eut pour femme Alix de Baux, Duchesse d'Andrie, Princesse d'Orange, de Tarente, et d'Altamire; laquelle avoit été fiancée avec Henry de Bretagne, Despote de Romanie, et laquelle étant veuve d'Odon de Faucigny-Thoires, épousa Conrad d'Autriche, Marquis de Fribourg et de Neuchâtel. C'est le même Odon qui fut légat plénipotentiaire, garant et conservateur de la paix au nom du Pape Boniface IX, ainsi qu'il appert du traité de 1392, dont l'original est au trésor des archives de la couronne de France (layette dite de Valentinois II, n° 1). Enfin ce fut le même Odon de Faucigny-Thoires et Villars qui crut devoir céder, ou plutôt qui donna le comté de Genevois au Duc Amédée de Savoye, par acte souscrit à l'hôtel de Nesle à Paris, le 5 août 1401, sous les sceaux, le témoignage et la caution de Jean de France, Fils de France et Duc de Berry; de Pierre, Cardinal de Thurey, etc. Le chef de la maison de Thoires et Villars possédoit héréditairement un canonicat séculier en la Métropole de Saint-Jean de Lyon, église Primatiale des Gaules; c'est un honneur qu'il ne partageoit qu'avec les Rois Très-Chrétiens, et c'est à titre de Comtes de Villars, et comme héritiers des Sires de Thoires, que les Ducs de Savoye, Charles-le-Bon et son fils Emmanuel-Philibert avoient joui du même privilége. Ce noble rameau de l'ancienne tige de Faucigny se trouve encore illustré par le docte et vénérable Ponce de Thoires, Evêque de Mâcon, lequel étoit l'ami de Saint Hugues, Abbé de Cluny; par Boniface de Faucigny-Thoires, Evêque et Prince de Belley, surnommé le *Bon Pasteur des Gaules;* par Humbert III, Sire de Thoires, Palatin de Rodolphe Roi des Romains, et son Sénéchal au royaume d'Arles. On trouve encore en 1286 Amé de Faucigny-Villars, Chevalier, qui fut arbitre de la paix entre ses neveux, le Dauphin Guignes et le Comte Amé de Savoye, surnommé le *Grand.* Au témoignage du Sire de Joinville, c'étoit Henri de Faucigny-Villars, Archevêque de Lyon, qui présida l'an 1297 à la canonisation du Roi Saint Louis, (*quy oncle estoie audict Cardenal Henrikus Archi Epuesque de Lyon,* ajoute Schobiérus), et le Bienheureux Charles de Faucigny, Grand Archidiacre de Forez, fut béatifié par le Pape Boniface VIII en 1399. Henri II de Faucigny-Villars, Cardinal, Archevêque de Lyon, Primat des Gaules, Archevêque et

Prince d'Embrun, Evêque de Viviers, Comte de Vivarais, Régent du Dauphiné sous le règne de Humbert II, et Lieutenant Général de ce Prince au gouvernement de ses Etats, conclut et se rendit caution du traité qui réunissoit le domaine delphinal à la couronne de France. Louis de Faucigny-Villars, Cardinal, Archevêque de Lyon, Evêque et Comte de Valence, de Gap et de Die, avoit institué le chapitre et fait édifier l'Eglise de Saint-Nizier de Lyon, avec une magnificence toute royale; et c'est au même Cardinal de Villars, que le Roi Philippe-le-Bel accorda les droits Régaliens avec le titre de Comte de Lyon, pour être unis à son siége à perpétuité. Enfin, ce fut Humbert de Faucigny, Comte de Thoires, Ambassadeur du Dauphin, son neveu, auprès du Roi Philippe de Valois, qui, le 22 avril, à Vincennes, en 1343, souscrivit et signa ce fameux traité qui donna les Etats delphinaux à la maison de France. La branche aînée de Faucigny, Thoires et Villars, s'éteignit à la fin du XIVe siècle, avec Humbert de Faucigny-Villars VIII du nom, Souverain Sire de Thoires et Prince-Etat du Saint Empire Romain, Comte de Genève et de Genevois, Souverain Seigneur d'Annonay, Mont-Didier, Trévoux, Martigues et *LXXII aultres ses lieux*, Chevalier du Croissant d'or de Sicile, Chanoine héréditaire de la Basilique primatiale de Saint Jean, Comte de Lyon, Vidame de Belley, etc.; lequel avoit hérité du Pays de Genevois, du chef de Marie sa mère. Le même Prince Humbert étoit le fils aîné de Humbert de Faucigny-Thoires VII du nom, élu par les Etats de Savoye Gouverneur et Tuteur du Duc Amédée VIII, qui fut depuis le Pape Félix V. Marie, Comtesse de Genevois, seconde femme du même Humbert VII, étoit la sœur et l'héritière de Robert, dernier Comte de Genevois, qui mourut Souverain Pontife sous le nom de Clément VII; elle étoit sœur aînée de Pierre de Genevois Comte de Vaudemont, mort sans enfans; elle avoit eu pour sœurs cadettes Jeanne de Genevois, Princesse d'Orange, Catherine Princesse d'Achaïe, et Iolande de

Genevois, Vicomtesse de Narbonne. Humbert VIII, héritier et fils unique de Marie, Comtesse de Genevois, avoit reçu de l'Empereur Vinceslas l'investiture du même comté souverain, avec récognition des rang, honneurs et titre de Prince de l'Empire. Il avoit été fiancé à Marguerite d'Anjou, fille de Louis II, Roi de Sicile, de Naples, de Jérusalem, de Chypre et d'Arménie, Duc d'Anjou, Comte de Provence, etc., et de sa femme Iolande d'Aragon. Ladite Marguerite avoit notamment pour frères et sœur, Louis III Roi de Naples et de Sicile, le Roi René, Duc d'Anjou, de Lorraine et de Bar, Comte de Provence, de Piémont, etc., et la Reine de France Marie d'Anjou, femme de Charles VII. M. le Vicomte de Villeneuve-Bargemont, en son excellente histoire du Roi René d'Anjou, vol. I, p. 377, mentionne une charte du Roi Louis III, qui lui fait supposer que le mariage de Marguerite d'Anjou avec Humbert de Faucigny avoit suivi leurs fiançailles; c'est une erreur accréditée par Le Payge et par Gaufridi; car le titre de *beau-frère*, donné par le Roi Louis au Comte de Genevois dans la même charte, pourroit être appuyé sur les rapports d'affinité qui suivoient alors la cérémonie des fiançailles; et parmi les titres de Genève, il existe un acte de restitution pour la Châtelainie de Mazargues en Provence: « attendu la mort de Madame Marguerite » d'Anjou, fiancée du Comte Humbert de Genevois. » *Après le décès de sa fiancée, la Princesse Marguerite, laquelle estoit morte en sa blonde jeunesse*, dit Jehan Nostradamus, Humbert VIII épousa Louise de Poitiers, fille de Louis II Comte de Valentinois, et de Cécile de Beaufort, nièce du Pape Grégoire XI. Le même Humbert n'en ayant pas eu d'enfans, ses principaux héritiers furent d'abord son oncle paternel, Odon de Faucigny, Sire de Thoires, et après celui-ci Etienne de Faucigny, Sire de Lucinge; lesquels, par un codicile au testament du Comte Pierre de Genevois, étoient appelés à succéder au Prince Humbert son neveu; et lesquels, par leurs aïeules Guillemette de Neufchâtel et Blanche Doria, se trouvoient issus du Comte de

Genevois Aymon II, au même degré de filiation que le susdit Prince Humbert VIII.

6e DEGRÉ.

HUMBERT I du nom, Souverain Seigneur de FAUCIGNY et de Vaud, deuxième fils de Rodolphe dit le Vaudois et de Constance de Beauvoir. Il souscrivit avec Aymon, son frère, à la fondation de la chartreuse du Reposoir, en 1145. Il comparut en 1170 devant l'Archevêque et l'officialité primatiale de Vienne, comme étant caution d'Aliénor de Savoye, Reine de Thessalie, laquelle avoit souscrit l'obligation de deux mille marcs envers l'Eglise métropolitaine de Saint Pierre. BERTHE DE BEAUGÉ, son épouse, est nommée dans le verbal de l'acte, ainsi que Marquisius leur fils, et avec Rodolphe de Faucigny Sire de Lucinge, surnommé *l'Allemand* et frère puîné de Humbert. Il se croisa l'an 1173, avec Guillaume de Baux, Prince d'Orange et Roi titulaire d'Arles, avec Renaud Comte de Forez, Guillaume de Genevois, Chevalier Banneret, Claude Evêque d'Autun et Hugues Sire de Coligny, pour aller combattre en Palestine, accompagnés de quarante bannières et de quatre mille archers. C'est à lui que la tradition rapporte les armoiries actuelles de Faucigny, qu'il paroît avoir transmises à ses successeurs en mémoire de « trois coups de hache-d'armes » reçus d'un Sarrazin, de haut en bas, sur le visage, sur le » pectoral et sur le bras droit. » Berthe de Beaugé, sa

DE FAUCIGNY *depuis la croisade.* Pallé de six pièces d'or et de gueules.

DE BRESSE-BEAUGÉ. D'azur au lion d'hermines.

femme, issue des anciens Marquis de Bresse et Comtes de Mâcon, étoit fille de Guy de Beaugé, Sire de Bourg en Bresse, lequel étoit frère puîné d'Ulrick II, Souverain Seigneur de Bresse, et de Réginald, Sire de Saint-Trivier. Humbert I en avoit eu pour enfans :

1° GUILLAUME II, Baron de FAUCIGNY dont l'article suit.

2° HENRI de FAUCIGNY, Chevalier, Prieur de Saint-Martin d'Anglefort, et de Saint-Jean in *Vallo*.

3° MARQUISINS de FAUCIGNY, Chevalier, cité dans l'acte de comparution, avec Humbert son père et Rodolphe son oncle qu'il accompagnoit devant l'officialité de Vienne.

4° AYMON II, Baron de FAUCIGNY surnommé *le Courtois*, dont l'article suivra celui de Guillaume son frère aîné.

7e DEGRÉ. GUILLAUME II du nom, Souverain Seigneur et Baron de FAUCIGNY et de Vaud, surnommé *le Piteux* ou *le Valétudinaire*. Tout ce que les chroniques de France et d'Italie nous ont conservé de plus détaillé sur ce prince, c'est qu'il assistoit à Rome au couronnement de Fréderick Barberousse, en 1155, et qu'il y porta la bannière de l'Empereur pendant la cérémonie de son intronisation. Suivant Guillaume de Pingon, cité par Guichenon dans son histoire de Savoye,

Guillaume II de Faucigny avoit pris la croix, avec Thomas Comte de Savoye, Aymon Comte de Genevois, et Guichard, Sire de Beaujeu, pour aller combattre en Syrie, dans l'armée de Boniface de Montferrat, Roi de Thessalie, Généralissime des Croisés; selon la chronique de Talloire et le Moine de Sixte, le même Guillaume ne put pas exécuter le vœu qu'il avoit fait, mais il envoya de *riches trésors avec une multitude de gens d'armes en Palestine*. Il est qualifié *Très Pieux et Très Illustre Baron de Faucigny, Protecteur des Eglises Cathédrales de Tarantaise, de Maurienne, de Genève et de Lausanne*, dans un titre du chapitre de Saint-Claude, où l'on voit qu'il vivoit encore en 1202; mais il a laissé si peu de traces dans l'histoire de son temps qu'on ignore aujourd'hui le nom de son épouse. Il avoit eu pour unique enfant Marguerite, Comtesse de Savoye, qui suit :

Marguerite de Faucigny, Dame de Lucinge et d'Aranthon, laquelle épousa, l'an 1218, Thomas, Comte de Savoye, Maurienne et Piémont, Marquis d'Italie, Vicaire de l'Empereur, etc. Ils eurent entre autres enfans, 1° Amédée IV, Comte de Savoye, Duc de Chablais, Prince de Piémont et Marquis de l'Empire en Italie, lequel fut la souche des Ducs de Savoye Rois de Chypre; et de qui sont issus les Rois de Sardaigne : 2° Philippe de Savoye, Comte-Palatin de Bourgogne; 3° Thomas de Savoye, Comte de Flandres et de Hainaut, qui fut la tige des Princes d'Achaïe, Princes de la Morée, etc.; 4° Boniface de Savoie, Archevêque de Cantorbéry, Régent et Primat d'Angleterre; 5° Béatrix de Savoye, Comtesse de Provence et mère de Marguerite, femme du Roi Saint-Louis; 6° Léonor de Savoye, épouse d'Azon d'Est IV, Marquis de Gênes et de Milan; 7° Marguerite de Savoye, femme de Herman-le-Vieux,

Comte de Kibourg et de Bade, Landgrave d'Alsace, etc. Thomas Comte de Savoye avoit épousé en premières noces Béatrix de Genevois, laquelle avoit été fiancée d'abord avec le Roi Philippe-Auguste. Marguerite de Faucigny, sa seconde femme, légua par codicille à son testament à chacune de ses trois petites-filles, Marguerite Reine de France, l'Impératrice Aliénor Reine d'Angleterre, et Béatrix Reine de Sicile, une somme de mille besans, avec des reliques et des joyaux d'un grand prix. Elle est considérée par les Chartreux comme un des principaux bienfaiteurs de l'ordre. Par titre de 1227, elle exempta toutes les personnes, les compagnons et les envoyés des mêmes religieux, du droit de péage et de leyde, dans toutes les terres de sa juridiction propre, ordonnant à ses Barons, châtelains, justiciers et autres ses sujets, nobles ou serfs, qu'ils eussent à traiter ces mêmes religieux, ou leurs envoyés, avec une charité respectueuse. Pingon cite une autre concession à la grande chartreuse, par lettres patentes de Marguerite, lesquelles ont été scellées pour garantie par son mari le comte Thomas, par Amédée IV, leur fils aîné, et par Aymon II, Souverain Baron de Faucigny et de Vaud, l'an 1229. On a déjà vu que Marguerite de Provence, femme de Saint Louis, étoit la petite fille de Marguerite de Faucigny Comtesse de Savoye, par Béatrix de Savoye, femme de Raymond Comte de Provence, père et mère de la Reine Marguerite, laquelle Béatrix étoit la troisième fille de Marguerite de Faucigny et du Comte Thomas de Savoye. Il seroit inutile et surabondant de faire observer à son occasion que les Rois Très-Chrétiens se trouvent issus directement de Marguerite de Faucigny Comtesse de Savoye, attendu que par leurs consanguinités avec les Ducs de Bourgogne et de Valois, d'Anjou, de Montpensier, de Vendôme, etc., ainsi que par un grand nombre d'alliances postérieures avec la maison de Savoye, il existe entre la maison royale de France et celle de Faucigny une infinité de rapports de parenté non moins ho-

DE SAVOYE, *ancien*, D'or à l'aigle éployé de sable.

norables, aussi directs et plus rapprochés de notre âge. Il a toujours été de tradition que la Reine Marguerite étoit la filleule de la Comtesse Marguerite de Faucigny, et, suivant l'expression naïve du légendaire de Sixte, « la saincte comtesse avoist » esté sayzir ycelle comtesse de Provence enfant de sa fille, » et l'avoist come assize en son gyron, soubs la protection de » sa bienheureuse patronne. » On voit également dans la *Tabula Fauciniaca* que les parrains de Marguerite de Provence avoient été le Pape Honorius III, Robert de Courtenay, Empereur de Constantinople, l'Infant Don Juan de Castille, Béranger Vicomte de Roussillon et Aymon de Faucigny, S. Baron de Vaud; enfin, le Patriarche d'Aquilée, Archevêque d'Arles, et le Cardinal Henry de Sainte-Croix, Evêque d'Albano, avoient été nommés légats du Saint-Siége aux royaume d'Arles et comté de Provence, afin d'y présider aux cérémonies du baptême, et pour y suppléer à l'absence du souverain Pontife et de l'Empereur *autour des fonts baptismaux*. Le même écrivain suppose un motif de trahison politique à la mission de ces deux Prélats, mais c'est un motif de discussion tout-à-fait étranger à cette généalogie. Marguerite de Faucigny fut inhumée dans la grande chapelle à l'entrée de l'église royale de Hautecombe en Savoye, où l'on voit encore aujourd'hui sa tombe, dont l'inscription n'est plus lisible, mais où l'on distingue aisément ses armoiries, qui sont un *pallé de six pièces*, parti *de Savoye l'Ancien*. Guillaume II n'ayant pas eu d'autre enfant que la même Marguerite, Comtesse de Savoye, la possession du Faucigny fut transmise à Aymon II, frère puîné de Guillaume, ainsi qu'on le verra dans l'article suivant.

8e DEGRÉ. AYMON II du nom, surnommé *le Courtois*, Souverain Seigneur et Baron de FAUCIGNY, de Vallais, de Vaudois et de Berne, co-Seigneur et Prince de Genève, de Lausanne et de Syon, Comte de l'Empire en Helvétie et Germanie. Il confirma l'an 1221, une donation faite au monastère de Notre-Dame du Reposoir en Faucigny, ordre des Chartreux, par Rodolphe de Faucigny, surnommé *l'Allemand*, Sire de Lucinge, Vidame et Sénéchal de la Baronnie de Faucigny. En 1224, il fut la caution d'un traité conclu entre ses deux neveux, Thomas Comte de Savoye, et Etienne-Raymond de Faucigny Sire de Thoires et Villars, au sujet de la possession du château-fort et de la seigneurie de Festerne en Chablais. Par charte de l'année 1225, en échange de ses droits sur le duché de Suabe, sur le comté de Fribourg, sur la seigneurie de Constance et sur partie du comté de Nidow, il transige avec Albert de Hapsbourg Landgrave d'Alsace, et Herman Comte de Kibourg, Dillighen et Nidow, qui lui cèdent leurs droits sur la souveraineté des villes de Genève, de Lausanne, de Berne et de Syon, avec tous leurs autres droits acquis sur le Royaume de Bourgogne, à titre d'héritiers du Roi Berthold, Duc de Suabe, de Zœringhen et de Carynthie, mort sans postérité en 1117, et lequel Berthold étoit l'oncle desdits Albert de Hapsbourg, Aymon de Faucigny et Herman de Kibourg, ainsi que le porte le verbal de l'acte. Les droits d'Aymon de Faucigny sur le duché de Suabe pouvoient être provenus du chef de sa mère Berthe de Bresse-Baugé, dont il paroît que l'aïeule étoit Mathilde de Suabe, veuve en premières noces d'Ernest, Duc d'Autriche, et sœur puînée d'Agnès de Suabe, mère du Roi Conrad, Duc de Zœringhen. En outre, il devoit être considéré comme héritier de l'Empereur Rodolphe de Suabe, aux droits d'Ottilie de Genevois, sa bisaïeule paternelle, et du chef de Thetberge de Suabe, femme de Louis de Faucigny, Marquis des Alpes, trisaïeul dudit Aymon II. La souveraineté du comté de Fribourg lui étoit dévolue, par la mort du dernier Comte, en vertu de plusieurs transactions d'expectative entre la maison de Faucigny et celle de Fribourg, lesquelles transactions se trouvent mentionnées dans le même traité d'échange en 1225. Les Ducs de Savoye ont souvent et profitablement invoqué l'autorité de cette charte, à titres de descendans et d'héritiers d'Aymon de Faucigny, et l'original en existe encore aux archives royales de Turin (V. Paradin, Symphorien de Champier, Delex et S. Guichemon vol. 1er de son histoire de Savoye, page 101.) En 1233, Aymon donna des lettres patentes confirmatives de la donation susdite, renouvelée pour la même Eglise du Reposoir par Rodolphe de Faucigny III du nom, Sire de Greysière, fils du Sénéchal Rodolphe-l'Allemand, et confirmée de nouveau par Rodolphe IV Sire de Lucinge, surnommé *le Donataire*, et par Guillaume Sire de Chasves, son frère, en faveur de leur père le même Rodolphe de Faucigny III, surnommé *le Greysier*. On connoît la confiance et la dévotion des souverains et des peuples de Savoye pour leur patron Saint Maurice. Le Comte Pierre-le-Charlemagne étant allé visiter l'Eglise et l'Abbaye dédiées à Saint Maurice en Chablais, l'Abbé Rodolphe, en reconnoissance des bienfaits dont le même Prince et son frère Amédée avoient comblé ce monastère, lui fit présent de l'anneau du Martyr Saint Maurice, à condition qu'il passeroit successivement à tous les Souverains de la Savoye, ses descendans. Cette charte, datée de la 2e férie de la 4ᵉ lune an 1250, et sous le pontificat d'Innocent IV, a pour premier témoin séculier Aymon Seigneur de Faucigny, comme il se voit aux pièces justificatives de l'Histoire généalogique de Savoye, vol. II, page 75. Il est à remarquer premièrement que, depuis l'époque de cette donation, l'anneau de Saint Maurice est devenu le principal insigne de la couronne de Savoye, car depuis ce temps-là, c'est toujours et seulement par la *tradition* de cet anneau que les Souverains de cette maison royale ont pris possession de leurs États. On doit considérer en second lieu, que dans tous les actes précités la maison de Faucigny marche toujours au premier rang avec celle de Savoye, et que les Souverains Seigneurs de Faucigny s'y trouvent toujours nommés pour cautions, arbitres et témoins laïques, immédiatement après les Archevêques et les prélats contractans. On pourroit encore observer que si les Ducs de Savoye, Rois de Sardaigne, ont toujours conféré l'ordre de Saint Maurice aux Sires, Comtes, Marquis et Princes de Faucigny-Lucinge, c'étoit sans doute en mémoire de cette donation du *saint anneau*, cautionnée par le Chef de leur Maison. Aymon II fit donation de ses états ainsi que de tous ses autres biens, à sa fille Agnès de Faucigny Comtesse de Savoye, par acte du 13 septembre 1251, en présence de Philippe de Savoye, Archevêque de Lyon, fils de Marguerite de Faucigny sa nièce; ledit acte passé sous le témoignage et les sceaux des Evêques de Genève et de Héréford. Toutes lesdites chartes sur les originaux desquels le sieur Janse, Généalogiste de la Cour de Sardaigne, et le sieur Chérin, Généalogiste et Historiographe du Roi de France, ont établi la filiation des Princes et Comtes de Faucigny-Lucinge, sont encore scellées des grands scel et contre-scel d'Aymon,

Souverain Seigneur de Faucigny. On l'y voit sur le scel, armé de toutes pièces et tenant un cimeterre à la main, avec la légende, *Sigillum Aymonis Domini Fucigniaci*, le revers chargé d'un écusson *pallé de six pièces d'or et de gueles*, armoiries patronymiques, et qui sont encore aujourd'hui celles de la province de Faucigny, dans l'écu des armes de Savoye. Aymon II avoit été fiancé d'abord à Jeanne de Saarrebruck, fille de Simon II, Comte de Saarrebruck, et de Laurence de Lorraine, laquelle étoit fille du Duc Frédérick Ier. Il le fut ensuite avec Anne de Haspsbourg, Dame de Wualdebourg et fille du Comte Werner II, Landgrave d'Alsace, laquelle étoit morte, au rapport du Moine de Sixte, avant d'avoir atteint l'âge d'être mariée. Il épousa premièrement SYBILLE de BEAUJEU, fille de Guichard IV, Souverain Seigneur de Beaujolois, de laquelle il paroît qu'il n'eut pas d'enfans. Enfin, il prit alliance avec ANNE de CLERMONT, dont on n'est pas suffisamment instruit de l'ascendance, et dont il eut les quatre enfans qui suivent :

DE BEAUJEU.

D'or au lion de sable, chargé d'un lambel de gueules à cinq pendans, pour *Beaujeu*, parti de gueules au dauphin pâmé d'or qui est de *Forez*.

DE CLERMONT, *ancien*.

D'azur au mont d'or, surmonté d'un soleil du même.

1° AYMON DE FAUCIGNY III du nom, dit *le furieux* et *l'insensé*. Par mandement du quatorzième jour de l'année 1240, Aymon-le-Vaudois commet à la garde de son fils un chevalier nommé Philippe de Souchiez, qu'il y qualifie Châtelain de Vérosse et son Chambellan; en lui ordonnant de retenir son fils au château de la Roche, et de l'y traiter avec la déférence ou la fermeté que demandera son état. En 1268, Aymon III se trouve encore mentionné dans le testament du Comte de Savoye, Pierre-le-Charlemagne, son beau-frère, qui le recommande aux soins de sa femme, Agnès de Faucigny, sœur dudit Aymon, afin qu'il soit toujours *pourvu convenablement*.

DE SAVOYE.
De gueules à la croix d'argent.

DE FAUCIGNY-FAUCIGNY.
Pallé de 6 pièces d'or et de gueules.

2° AGNÈS DE FAUCIGNY, d'abord Dame de Croyes, de Versoix, de Chillon, du Neuf-Lucinge et autres lieux; ensuite héritière et Souveraine de Faucigny, de Vallais, de Vaudois et de Berne. Elle épousa le 7 février 1233, au château de Châtillon en Faucigny, PIERRE I du nom, Comte de SAVOYE, Duc de Chablais et d'Aoste, Prince de Piémont, Marquis de Suze et d'Italie, Vicaire Impérial, et surnommé *le Charlemagne de Savoye;* lequel étoit le septième des enfans du Comte Thomas et de Marguerite de Faucigny. Par deux actes datés des 6 et 22 octobre 1261, elle apanagea ses deux sœurs Béatrix et Aliénor de Faucigny, des châtelenies de Croyes-en-Vaudois, du Neuf-Lucinge et de Versoix. Elle testa le 16 des kalendes de novembre 1262, en son même château de Versoix, léguant ses états avec les deux tiers de ses autres biens à son mari le Comte Pierre, et le surplus à Béatrix de Savoye, leur fille unique. Par un codicille du mois d'août 1268, elle élit pour ses exécuteurs testamentaires Guillaume de Faucigny Sire de Lucinge, son cousin, et Simon de Joinville Seigneur de Gex, son beau-frère, avec Guillaume de Joinville, Archevêque de Rheims, et plusieurs autres prélats. C'est du mariage de Pierre-le-Charlemagne avec Agnès de Faucigny, qu'étoit provenue pour unique enfant, Béatrix de Savoye, laquelle épousa par contrat du mois de décembre 1241, en l'église du château de Châtillon, GUY de BOURGOGNE VII du nom, Dauphin de Viennois, de Gapençois, de Diois et d'Albon, dont elle eut entre autres enfans, le Dauphin Jean, mort sans lignée, et la Dauphine héritière Anne de Viennois, femme de Humbert Sire de La Tour-du-Pin, Coligny, Révermont, etc. La souveraineté du Faucigny fut ainsi portée par la Comtesse Agnès dans la maison de Savoye, et par sa fille unique, la Dauphine Béatrix, dans l'héritage de la maison de Viennois, où la suzeraineté de la même province est restée jusqu'en 1445, époque où le Roi Louis XI, héritier de la race dauphine et n'étaut alors que Dauphin de Viennois, céda ses droits sur le Faucigny à Louis, Duc de Savoye, pour en jouir *ainsi que leurs ancêtres à titre de souveraineté.* Après la mort du Dauphin Guy, Béatrix de Savoye avoit épousé Gaston VII, Vicomte de Béarn, dont elle n'eut pas d'enfans. Par deux chartes des années 1292 et 1293, on voit qu'elle avoit fondé la chartreuse de Meslan en Faucigny, pour obtenir le repos des âmes de Pierre Comte de Savoye, et d'Agnès Baronne de Faucigny, ses père et mère.

3° Béatrix de Faucigny, Dame de Croyes et du Neuf-Lucinge, deuxième fille d'Aymon-le-Courtois et d'Anne de Clermont, laquelle épousa Etienne de Faucigny II du nom, Souverain Sire de Thoires et de Villars, dont l'ascendance et la postérité sont rapportées plus haut à l'article de Raymond-Etienne, premier Sire de Thoires, et septième fils de Rodolphe-le-Vaudois, S. Seigneur de Faucigny. C'est du mariage d'Etienne II et de Béatrix de Faucigny qu'étoient provenus les Sires de Thoires et de Villars, Princes d'Orange et Souverains Comtes de Genevois, de Beaufort et d'Avelyn, ci-dessus mentionnés.

de FAUCIGNY-THOIRES-VILLARS.
Bandé de 6 pièces d'or et de gueules.

4° Aliénor de Faucigny, Dame de Versoix, troisième fille d'Aymon II, Baron de Faucigny, et de sa femme Anne de Clermont, fut mariée à Simon de Joinville, Seigneur de Gex et Porte-Oriflamme de France; lequel étoit frère de Jean Sire de Joinville, auteur de la vie de Saint Louis, comme il appert de plusieurs titres originaux, comme il se voit p. 279, vol. II de l'Histoire généalogique de Savoye, par Guichenon, et comme il est établi dans les histoires de Bresse et de Piémont, à l'article de ces deux Princesses, apanagées par Agnès, leur sœur. Simon, Seigneur de Gex, étoit fils puîné de Simon, I Sire de Joinville, et de Béatrix de Bourgogne; il étoit le neveu de Guillaume de Joinville, Archevêque Duc de Reims, Légat du Saint Siége, Premier Pair de France, etc. Après la mort de Jean son frère aîné, il devint Sire de Joinville, Sé-

de JOINVILLE.
D'azur aux 3 morailles d'or liées d'argent, au chef d'argent au lion issant de gueules.

néchal et premier Baron de Champagne. Ils avoient pour sœur Alix de Joinville, Dauphine de Viennois, qui n'a jamais été citée par les généalogistes de sa maison, mais dont l'existence est prouvée par un défi de Simon, son frère, à Philippe Comte de Savoye, portant que le Dauphin se trouvant en guerre avec le même Philippe, lui Simon, Seigneur de Gex, croyoit devoir assistance au premier de ces Princes, attendu que le même Dauphin avoit épousé sa sœur. (V. ce cartel de Simon de Joinville, dans l'histoire de Savoye, par Guichenon, vol. II, à la page 666 des pièces justificatives.) Du mariage de Simon de Joinville et d'Alienor de Faucigny, il étoit provenu Guillaume I du nom, Sire de Joinville, de Gex et de Marnay, Sénéchal et premier Baron de Champagne, lequel épousa Jeanne de Savoye, fille de Louis Baron de Vaud et de Jeanne de Montfort-l'Amaury. Leur postérité s'est éteinte en portant la principauté de son nom dans les deux familles impériales de Luxembourg et de Lorraine d'Autriche. Elle est passée de la maison de Lorraine en celle de France, par le mariage de Gaston, Duc d'Orléans, frère de Louis XIII, avec Marguerite de Lorraine; et le Prince actuel de Joinville est un des puînés de la branche d'Orléans.

BRANCHE DE LUCINGE.

6e DEGRÉ. RODOLPHE DE FAUCIGNY II du nom, surnommé *l'Allemand*, Sire de Lucinge, d'Aranthon, de Greysière et de Chasves, Châtelain de Faucigny sur l'Arve et d'Evian, Seigneur de Tanninge, Vidame et Sénéchal du pays de Faucigny, il étoit le troisième fils de Rodolphe de Faucigny, surnommé *le Vaudois*, et de Constance de Beauvoir. Il reçut en apanage l'office de Sénéchal héréditaire du Faucigny, avec les Seigneuries suzeraines de Lucinge, d'Aranthon, de Greysière et de Chasves, de laquelle Seigneurie de Lucinge, suivant la coutume féodale et l'usage des temps gothiques, la plupart de ses descendans portèrent le nom sans y joindre celui de Faucigny. Etant le 5 juillet 1207 à Bâle en Suisse, il y conclut un traité d'alliance avec Gaucher de Bourgogne, Seigneur de Salins, sous la garantie de Philippe II, Empereur des Romains, présent à leur transaction. L'Empereur Philippe y donne à Rodolphe, Sire de Lucinge, les qualifications de *Consanguineus et Comes noster charissimus;* le même Rodolphe de Faucigny donnant pour ses cautions audit Seigneur de Salins, Thomas Comte de Savoye, son arrière-neveu; Amédée, Archevêque de Besançon; Ludolphe, Evêque de Bâle; Richard, Comte de Montbelliard, et Rodolphe, Comte de Hapsbourg, dont les sceaux et signets étoient encore attachés à la même Charte en 1650, ainsi que le témoigne du Bouchet. Aux ides de janvier 1221, il fit écrire et déposa sur l'autel de l'Eglise inférieure de Notre-Dame du Reposoir en Faucigny, monastère fondé l'an 1145, par Aymon de Faucigny, surnommé *le Hardi*, frère aîné du même Rodolphe, une charte par laquelle il fait aumône aux Chartreux de ladite Eglise de son vignoble de la Creste, pour obtenir de Dieu le salut de son âme, avec le repos de celles de ses ancêtres : les témoins de cette donation étant Guillaume, Prieur de Notre-Dame du Reposoir; Aymon de Rumillier, Chevalier; Guillaume de Châtillon, Ecuyer; Michel, Boson, Berthold et autres religieux du même couvent de Notre-Dame. Le même titre est encore aujourd'hui chargé du sceau de Rodolphe II, et de celui d'Aymon Baron de Faucigny, son neveu, lequel est armoirié comme on l'a dit, d'un écu *pallé d'or et de gueules de six pièces*. Celui de Rodolphe marque un *Lion contourné* dont les émail ou métal, ainsi que celui du champ de l'écu, ne sont pas restés visibles; et la légende d'icelui porte : S. ROVLFI FVCINIACI SENESCALCI. Il avoit épousé premièrement BÉNÉDICTE, dont le nom de famille est oublié, et dont il paroît qu'il eut plusieurs enfans. Ensuite il prit alliance avec JEANNE de MIREBEAU, fille de Foulques, Seigneur de Mirebalais, et de RADEGONDE son épouse. Rodolphe *l'Allemand* laissa pour postérité :

DE MIREBEAU. Echiqueté de sable et d'or.

1° RODOLPHE III dont l'article suit :

2° ROBERT DE FAUCIGNY, Archevêque, Prince et Comte de Tarantaise, Légat du Pape Célestin IV auprès de l'Empereur de Constantinople Baudouin II, et du Roi de Chypre Jean de Brienne, en 1241.

3° MARIE DE FAUCIGNY, laquelle épousa RICHARD de la CHAMBRE, Vicomte de Maurienne, ainsi qu'il appert d'un acte aux archives royales de Turin. Elle avoit été fiancée à Robert de Brienne, Prince d'Edesse, comme il résulte d'un titre consulté par Justel et par Chorier.

7e DEGRÉ. RODOLPHE DE FAUCIGNY III du nom, surnommé *le Greysier*, qualifié Noble et Puissant Seigneur, Chevalier, Sire de Greysière en Chablais, de Lucinge en Faucigny et de Chasves en Genevois, Châtelain de la Roche-sur-Arve et de Stésia, Vidame et Sénéchal héréditaire du pays de Faucigny. En 1233 au mois d'avril, il fit aumône à Dieu et aux Chartreux de Notre-Dame du Reposoir, de tout le terrain qu'il possédoit encore au lieu de la Creste, en la paroisse de Thiet, diocèse de Genève; ladite donation faite du consentement de son fils aîné Rodolphe de Faucigny IV du nom, Sire de Lucinge, et de l'aveu de Guillaume de Faucigny, Sire de Chasves, son second fils. Il ajoute qu'elle est ratifiée par la femme dudit Rodolphe IV, et par tous leurs enfans ses petits-fils; que la même charte doit être scellée du scel ordinaire de ses armes, de celui de son fils Rodolphe Sire de Lucinge, et que Guillaume, Sire de Chasves, fils puîné du donataire, n'ayant point encore de sceau particulier, il y fait apposer celui d'Aymon, Souverain Seigneur de Faucigny, leur cousin. Sous la même date, on trouve une chartre de confirmation par Aymon de Bourgogne, Evêque de Genève, laquelle charte excommunie tout contrevenant à la donation de Rodolphe, Sire de Greysière, qui s'y trouve appelé *filius Potentis et Nobilis viri Domini Rodulfi de Fuciniaco, qui dicebatur* ALAMANS. Sous la même date, il existe encore des lettres patentes d'Aymon-le-Courtois, Baron de Faucigny, par lesquelles il garantit la même donation de *Noble Seigneur Rodolphe Sire de Greysière, fils de feu Noble Seigneur Rodolphe de Faucigny, surnommé l'*ALLEMAND. Lesdites lettres sont encore scellées d'un écu *pallé d'or et de gueules,* avec la légende sigillaire mentionnée ci-dessus à l'article dudit Aymon II. Une généalogie manuscrite de la maison d'Oncieux porte que Rodolphe, Sire de Greysière et de Lucinge, avoit épousé une fille de ladite maison, nommée Gertrude; mais le cartulaire de celle de Faucigny ne mentionne la femme dudit Rodolphe qu'à titre de Dame de Greysière, de femme de Rodolphe III et de mère de Rodolphe IV, ainsi que de Guillaume, qui suivent :

1° RODOLPHE de FAUCIGNY IV du nom, dont l'article suivra celui de son frère.

2° GUILLAUME DE FAUCIGNY, Chevalier, Sire de Chasves en Genevois, mentionné dans la donation de son père, dans l'acte confirmatif d'Aymon, Evêque de Genève, et dans les lettres patentes d'Aymon, Baron de Faucigny, l'an 1233. Guillaume avoit formé le rameau des Sires de Chasves, éteints vers le milieu du XIVe siècle, en la personne de Hugues de Chasves, Archevêque de Corynthe, Camérier secret du Pape Jean XXII, son Inquisiteur pour la foi, etc., lequel fut inhumé dans l'église cathédrale d'Avignon, où l'on voyoit encore sa tombe et ses armoiries sur les vitraux en 1687.

DE FAUCIGNY-CHASVES. Fascé de 6 pièces d'or et de gueules.

8e DEGRÉ. RODOLPHE DE FAUCIGNY IV du nom, surnommé le *Donataire*, qualifié Puissant et Redoutable Seigneur, Chevalier, Sire de Lucinge, de Greysière et d'Aranthon, Mestral de Châtillon, Châtelain de Faucigny sur l'Arve et de Stésia, Vidame et Sénéchal héréditaire du pays de Faucigny. Il comparoît en accédant à la donation de Rodolphe III, son père, avec Guillaume Sire de Chasves, son frère puîné, l'an 1233, et se trouve nommé dans les deux chartes confirmatives du même acte, dont il garantit l'exécution, avec Aymon de Bourgogne, Evêque de Genève, et Aymon II, Baron de Faucigny. Par contrat du mois d'avril 1234, il donne à son écuyer poursuivant-d'armes, Philippe Châtelain d'Aubonne, surnommé *Bien-Vouloir*, un vignoble attenant à la montagne de Faucigny sur l'Arve, sous l'obligation de présenter annuellement aux Sires de Lucinge un fer de lance doré. Par lettres patentes du 26 janvier 1249, il concède à Bertholin Seigneur de Briordy, son Chambellan, les droits de censive et de justice moyenne et basse sur les terres et seigneurie de Rumilly, avec les droits d'usage, chauffage, panage, paccage et pâturage dans les forêts et prairies de sa Mestralie de Châtillon. Par titre du 30 octobre 1251, il abandonne aux religieux de la grande Chartreuse une somme de LXVIII livres viennoises, à lui due par le chapitre de Grenoble. Par testament du 6 octobre même année, il fait un nombre de legs considérables à ses cousins les Sires de Thoires et de Gex, aux églises métropolitaines de Vienne et d'Arles, aux églises cathédrales de Genève, d'Aoste, de Lauzanne et de Belley, aux abbayes de Saint-Maurice en Vallais, de Saint-Maurice en Chablais, de Sixte en Faucigny et de Haute-Combe en Savoye, ainsi qu'aux prieurés du Reposoir et de Chamounix en Faucigny. Le même Rodolphe IV est encore mentionné dans un mémorial du chapitre de Grenoble, comme ayant légué, par codicille au même testament, un reliquaire d'or enrichi de pierreries, à l'Eglise cathédrale de cette ville. L'époque de sa mort est inconnue, mais il appert d'un acte passé par Guillaume III, son fils, qu'il ne vivoit plus le 19 janvier 1262. Il avoit épousé avant l'année 1215 Elisabeth de BEAUVOIR, fille de Philippe IV, Sire de Beauvoir, et de Blanche ADHÉMAR, Dame de Brantes et de Saint-Hurruges. Ils avoient eu pour enfans :

de BEAUVOIR. De gueules plein, pour *Beauvoir*, écartelé d'or au dauphin vivant d'azur, qui est de *Viennois*.

1° Guillaume de Faucigny IV du nom, Sire de Lucinge, dont l'article suit;

2° Adalbert de Faucigny-Lucinge, Patriarche de Jérusalem et Cardinal du titre de Saint-Onuphre et Saint-Cyriaque en 1292, lequel se trouve qualifié Chanoine et Comte de Lyon en deux actes de 1283 et 1287.

3° Irénée de Faucigny-Lucinge, Chevalier de la Milice du

Temple, Précepteur de l'Ordre en Bourgogne, Châtelain de Maulixolle et de Montagny-le-Templier, en 1285.

4° Jean de Faucigny-Lucinge, Prieur Conventuel de Notre-Dame du Reposoir en Faucigny, l'an 1289; lequel est déclaré VÉNÉRABLE par un bref du Pape Benoît XII, à l'effet de procéder aux enquêtes nécessaires à sa béatification.

9e degré. GUILLAUME de FAUCIGNY IV du nom, dit *le Grand Sénéchal*, qualifié Haut et Redoutable Seigneur, Chevalier, Sire de Lucinge, de Greysière et d'Aranthon, Châtelain de Faucigny sur l'Arve, de Rovorée, de Festerne et de Stésia, Mestral de Châtillon, Vidame et Sénéchal héréditaire du pays de Faucigny. Il est nommé comme témoin dans la donation faite en 1251, par Aymon-le-Courtois Seigneur de Faucigny, à sa fille Agnès et à Pierre de Savoye, son mari. En 1262, par actes passés le jour de la fête de la chaire de Saint Pierre et le jour de Saint Etienne, proto-martyr, il vend et reconnoît avoir vendu à Redoutable et Miséricordieuse Agnès, par la grâce de Dieu, Souveraine Dame de Faucigny, de Vallais et de Vaud, Comtesse de Savoye, de Maurienne, de Tarantaise, de Roymont, d'Essex et de Richemont, Duchesse de Chablais et d'Aoste, Princesse de Piémont, Marquise de Suze et d'Italie, Dame de Berne, etc., ainsi qu'à son mari Pierre-le-Charlemagne, Guillaume reconnoît avoir vendu, disons-nous, les deux forteresses de Faucigny sur l'Arve et de Croyes avec les édifices appelés de Fraxino, contigus à ceux de Fisterna, moyennant la somme de CXXX livres, argent de Genève, dont il donne quittance, en s'engageant à maintenir *par la force et de tout son pouvoir*, dans la possession d'icelui château de Faucigny, les successeurs, héritiers, sujets ou vassaux des susdits Comte et Comtesse de Savoye. Dans son testament souscrit et scellé en 1268, en présence de Jean Evêque et Prince de Belley, de Gérald Official de Genève et autres témoins, le même Comte Pierre de Savoye mentionne Guillaume de Faucigny-Lucinge en lui léguant une somme d'argent dont les chiffres de quotité ne sont pas restés lisibles sur le titre original; et du temps de René de Lucinge, Seigneur des Alymes, on y lisoit seulement D... *Vulielmo de Lucingia D.......x., lib...* Le même Guillaume IV Sire de Lucinge, est désigné dans un codicille au testament d'Agnès de Faucigny Comtesse de Savoye, daté du château de Faucigny, la vigile du jour Saint-Laurent 1268, pour exécuteur des dernières volontés de cette princesse, avec Guillaume de Joinville, Archevêque et Duc de Reims; Henry de Bade, Evêque et Prince de Genève; Gérard de Saint-Joyre, Doyen de Salanches, et Simon Sire de Joinville, de Gex et de Marnay, Porte-Oriflamme de France, Sénéchal et premier Baron de Champagne, lequel avoit épousé, comme on l'a dit, Aliénor de Faucigny, sœur puînée de ladite Agnès. Par acte du 10 août 1263, Guillaume IV avoit soucrit un compromis avec les mêmes Pierre Comte de Savoye, et son épouse Agnès, héritière et Dame Souveraine du Faucigny; le Sire de Lucinge ayant prétendu qu'à raison de son office héréditaire de Vidame et de Sénéchal, il lui appartenoit de l'exercer en la province de Faucigny, depuis la forêt d'Arancin jusqu'au torrent, frontière de la baronie, dont la tierce partie des bans lui devoit appartenir; qu'il devoit de plus consentir à l'imposition des terres et présider à sa répartition; que le souverain du Faucigny lui devoit un vêtement neuf et blasonné toutes les fois qu'il en avoit un lui-même; enfin que les cuirs des animaux tués en l'hôtel du souverain devoient aussi lui revenir, ainsi que les cautionnemens pour les combats singuliers entre les nobles, avec les amendes infligées à la noblesse du Faucigny, pour crimes de forfaiture ou de maléfices. Le Comte et la Comtesse de Savoye, confirmant Guillaume Sire de Lucinge, et *ses héritiers* dans sa charge de Sénechal-Vidame et les prérogatives d'icelle, à la réserve toutefois du privilége invoqué par lui sur l'assiette et la répartition de l'impôt territorial; ils lui donnent huit livres par an sur leurs revenus, lui concédant par chaque année deux habits neufs armoiriés et trois chevaux de bataille, à la condition d'entretenir la garde aux moissons et vignobles, et sous la seule redevance féodale de fournir aux jours de fête de l'année le sel nécessaire à la cuisine du Souverain, quand il se trouvera dans le pays de Faucigny. Ladite charte est scellée premièrement d'un sceau brisé, mais dont la légende qui reste visible en partie, porte † *SIGILLUM PETRI C. DE SABAUDIA.* Celui du milieu, de forme ovale et telle que l'ont adoptée les femmes dès les temps les plus reculés, représente une princesse avec sa couronne à l'antique, soutenant à la hauteur de la tête avec ses deux mains, les écussons des armes de Savoye et de Faucigny, et cette figure principale est surmontée d'un chérubin qui tient suspendus les deux écussons. Il est à remarquer que celui de Faucigny, contre l'usage, est à la droite du sceau; il est blasonné comme celui d'Aymon II, *pallé de six pièces d'or et de gueules*, et celui

DE FAUCIGNY-LUCINGE.
Bandé de 6 pièces d'or et de gueules.

de Savoye, de *gueules à la croix pleine d'argent.* On lit autour de l'empreinte † *Sigillum Agnetis Dominæ Fuciniaci.* Le troisième sceau porte un écu *bandé de six pièces d'or et de gueules*, avec la légende *Sigillum D. Vullielmi de Lucingio* †. ELIENOR, épouse de Guillaume IV, comparoît avec leurs enfans dans un grand nombre d'actes, ainsi qu'il se verra dans les articles suivans. Dans une de ces chartes il est question du Vicomte Anselme, oncle paternel d'Eliénor; mais le nom de sa famille est inconnu. De ce mariage il étoit provenu dix enfans, savoir :

1° Humbert de Faucigny, Sire de Lucinge, qui suit :

2° Aymon de Faucigny IV du nom, Chevalier, co-Seigneur de Lucinge et d'Aranthon en Faucigny; lequel épousa vers l'an 1302 Marguerite de Montfalcon des Comtes de Montbelliard. Ce sont les auteurs de la branche d'Aranthon, qui s'éteignit à la fin du XVIe siècle. Le fils aîné d'Aymon IV, nommé Jean de Lucinge, Chevalier, co-Seigneur d'Aranthon, épousa Louise de Menthon des Comtes de Montrostier; d'où naquit Michel de Lucinge, Chevalier Sire d'Aranthon et de Brison, Vicomte de Genève, Châtelain d'Hermance et de Ripaille; lequel épousa Charlotte de Fovrals, fille de Louis, Seigneur de Bornœuf et de Baleyson, et de Jeanne d'Arlos de Chareysia. Du mariage de Michel avec Charlotte de Fovrals, il étoit provenu, 1° Philippe de Lucinge, Sire d'Aranthon, Comte de Brison, Chevalier de l'ordre de Saint-Maurice, etc.; 2° François de Lucinge-d'Aranthon, Précepteur et Commandeur de l'ordre de Saint-Jean de Jérusalem de Rhodes en 1479. Cæsar Nostradamus, en son Histoire de Provence, rapporte que François de Lucinge-d'Aranthon étoit un des dix Chevaliers qui furent appelés par Louis Duc d'Anjou, pour aller disputer la possession du Royaume de Naples contre les dix champions nommés par Charles d'Anjou-Durazzo, son compétiteur. Il nomme aussi parmi les dix champions du même Duc Louis d'Anjou, Amé VII Comte de Savoye, et Odon de Faucigny-Villars, Comte de Genevois, de Beaufort et d'Avelin. Aymon III, co-Seigneur de Lucinge, avoit eu de Marguerite de Montfalcon, pour second fils, PIERRE de FAUCIGNY-LUCINGE, Chevalier, Seigneur de Salanches en Faucigny, lequel comparoît avec Louis de Faucigny-Villars, Cardinal, Evêque de Valence et de Die, dans un acte de l'an 1363. On voit dans l'histoire de Bresse et de Bugey, II partie, p. 227, qu'il avoit été député par Humbert dernier Dauphin de Viennois pour aller en son nom demander en mariage à Paris la princesse Jeanne de Bourbon. Enfin le même Pierre de Lucinge est également cité comme témoin dans plusieurs titres avec son oncle François, dont l'article va suivre. La branche d'Aranthon faillit avec Henry de Lucinge Sire d'Aranthon, Prince du Saint Empire et Comte de Brison, qui mourut au château de Bornœuf en 1556, ayant eu pour unique enfant Louise de Lucinge, Princesse et Comtesse de Valraxe, laquelle étoit morte en 1547 ainsi que le porte son épitaphe en l'Eglise Cathédrale de Saint-Jean de Maurienne.

3° FRANÇOIS DE FAUCIGNY-LUCINGE, I du nom, Chanoine et grand Prevôt de l'Eglise Cathédrale de Genève, Seigneur d'Arcine, des Entremonts, de Beuges et autres lieux en Genevois. Il transigeoit avec Amédée Comte de Genevois en 1296, le 17 mars; et reconnoissant tenir de lui son château fort d'Arcine, il lui prêta, pour lui et pour ses héritiers, foi et hommage-lige, excepté la fidélité qu'il devoit aux Barons de Faucigny, ses Souverains Seigneurs. François, Seigneur d'Arcine, fut inhumé dans la Cathédrale de Genève, et il avoit institué pour son héritier son arrière-neveu Jean de Faucigny, Sire de Lucinge, surnommé le *Bocquéran*, ainsi qu'il sera plus amplement rapporté dans l'article dudit Seigneur.

4° et 5° Raymond et Guillaume de Faucigny-Lucinge, Chevaliers de l'ordre du Temple, lesquels se trouvent nommés dans une sentence arbitrale de la Dauphine Béatrix de Savoye, ainsi que dans plusieurs chartes de 1276 à 1302. On les trouve également cités parmi les garans et conservateurs de la paix entre le Dauphin Guy, Baron de Faucigny, et Philippe de Savoye, Comte Palatin de Bourgogne, lequel traité est rapporté par Guichenon, page 292, vol. I de son histoire de Savoye. Pendant leur première jeunesse, ils furent accusés conjointement d'avoir enlevé deux demoiselles de Brancion, nièces et pupilles de Guy II du nom, Seigneur de Gorrevod en Bresse. Par mandement d'Édouard de Savoye S. Seigneur de Bresse, il est enjoint à ses justiciers de « poursieure acteindre et saizir » au uif les deux pucelles de branxion quant et les deux mes-» chants moynes et frères de luxinges et retornaire yeulx a » lor uncle et seignour li cuens de sauoye pour estre chastier » comy requiest, » etc. (V. Jehan Fustalier, Ant. de la ville de Mascon, p. 240.) Il est à remarquer que le Prince Édouard de Savoye n'ose infliger aucun châtiment à ces jeunes Seigneurs, qu'il ordonne de ne prendre que vivans; et bien que le délit pour lequel il les fait poursuivre eût été commis dans ses états, il se borne à les envoyer au chef de sa maison le Comte de Savoye, qu'il appelle leur oncle et leur seigneur. On pourroit objecter à propos de ces deux qualifications que lesdits Guillaume et Raymond de Lucinge n'avoient alors d'autres Souverains que l'Empereur et le Sire de Lucinge leur père, et qu'ils ne se trouvoient parens du Comte Philippe de Savoye, alors régnant, que du quatrième au cinquième degré.

6°, 7°, 8°, 9° et 10° Agnès, Béatrix, Amphélise, Marguerite et Isabelle de Faucigny-Lucinge qualifiées *moult haultes Damoyselles*, lesquelles sont nommées avec leur mère Eliénor dans les actes précités. Plusieurs anciens généalogistes avoient écrit que quatre d'entre elles moururent de la peste en 1316, et qu'Amphélise, la seule qui survécut à ses sœurs, épousa Roger Seigneur de Warestang; mais René de Lucinge avoit reconnu que la même Amphélise étoit Abbesse de Neuville en 1322, et que sa sœur Béatrix étoit morte Prieure de Meslan le 30 novembre 1330, ainsi qu'il étoit inscrit au nécrologe de cette maison.

10e DEGRÉ. **HUMBERT DE FAUCIGNY-LUCINGE II** du nom, qualifié Très Noble et Puissant Seigneur, Chevalier, Sire de Lucinge et co-Seigneur d'Aranthon, Châtelain de Rovorée, de Festerne et de Stésia, Mestral de Châtillon, Vidame et Sénéchal héréditaire du pays de Faucigny; il étoit le fils aîné de Guillaume III, Sire de Lucinge, et de sa femme Eliénor. Il paroît qu'immédiatement après la mort de Guillaume son père, et pendant sa minorité, la Dauphine Béatrix, héritière et Baronne de Faucigny, exigea qu'il se démît de son office de Sénéchal. Malgré les poursuites judiciaires et les protestations réitérées de sa mère Eliénor, Humbert fut obligé de renoncer à cette partie de son apanage, ainsi qu'il appert d'un compromis de l'an 1276, ayant pour cautions Guillaume Seigneur de Berthandys, Chevalier; Humbert d'Alloverdo, Gardien des frères Minimes; Pierre de Barrol, Châtelain de Belvoir; Jacques Seigneur de Bellegarde; Humbert Seigneur de Rocillion et dix autres témoins. Par titre du 15 juillet 1296, et daté de la *Salle neuve du Château à*

Bonneville, capitale du Faucigny, Humbert donne quittance à la même Béatrix de Savoye, Dauphine de Viennois et Baronne de Faucigny, pour tout ce qu'il pouvoit avoir à prétendre sur la succession de Raymond de Lucinge Seigneur de Rovorée, tant en son nom qu'en celui de ses frères Aymon, Raymond, François et Guillaume de Lucinge, Chevaliers ou Damoiseaux, moyennant cent livres, argent de Genève; qu'il reconnoît avoir reçues de la Dauphine, en espèces courantes. Il avoit épousé MARTHE DE SAINT-GEORGES, fille de Thierry de Saint-Georges, libre Baron de l'Empire et de Womberghen, Seigneur de Pristh, Advoué de l'Eglise Abbatiale et Souveraine de Saint-Gall, etc., et de sa femme CUNÉGONDE de M....Humbert II sire de Lucinge et Marthe de Saint-Georges ne vivoient plus en l'année 1302, comme on l'induit d'un acte ci-dessous mentionné. Ils avoient eu pour enfans :

DE SAINT-GEORGES. Gironné de 8 pièces d'or et de pourpre, écartelé de sable au pal de vair.

1° FRANÇOIS DE FAUCIGNY-LUCINGE, dont l'article suit :

2° ETIENNE DE FAUCIGNY-LUCINGE, Damoiseau, Châtelain de Saint-Pierre et de Saint-Maurice en Faucigny, lequel transigeoit avec Hugues Dauphin de Viennois et Comte d'Albon, par acte de l'an 1324. Il étoit veuf d'ELIANE, dame de ROVORÉE, dont il avoit eu pour fils unique JEAN de FAUCIGNY-LUCINGE, Châtelain de Rovorée, de Saint Pierre et de Saint Maurice en Faucigny, Seigneur de Coppet au pays de Vaud, Chanoine et Comte de Lyon en 1378 et 1380. Severt observoit qu'à l'époque où Jean de Lucinge entra au chapitre primatial de Lyon, il s'y trouvoit parmi les chanoines un fils d'Empereur, neuf fils de Rois, quatorze de Ducs, trente de Comtes, et que les vingt autres stalles étoient remplis par la plus haute noblesse de France, d'Italie, d'Allemagne et de Savoye.

11e DEGRÉ. **FRANÇOIS DE FAUCIGNY-LUCINGE II** du nom, qualifié Très Noble et Puissant Seigneur, Chevalier, Sire de Lucinge et co-Seigneur d'Aranthon, Châtelain de Festerne et de Stésia, lequel, par sentence arbitrale de l'an 1302, abandonna le château-fort de Rovorée à la Dauphine Béatrix, Baronne de Faucigny, en avouant tenir d'elle en fief lige et noble les châteaux, forteresses et seigneuries de Lucinge et d'Aranthon, jusqu'alors indépendantes, et ne relevant que de l'Empire à titre de suzerainetés; la Dauphine exigeant de François Sire de Lucinge, et d'Etienne son frère, qu'ils lui prêtassent foi et hommage avec serment de fidélité, et qu'ils s'obligeassent pour leurs descendans aux mêmes services, à chaque mutation de seigneur ou de vassal, sous peine de confiscation de leurs biens. Après la mort de Béatrix de Savoye, le Sire de Lucinge intenta procès au Dauphin Hugues, son petit-fils et son héritier, en arguant de violence et de faux sur les renonciations au sénescallat du Faucigny et à la mestralie de Châtillon; réclamant contre la cession forcée du château de Rovorée, et les autres extorsions de la Dauphine, implacable ennemie des Sires de Lucinge. Par charte datée du dimanche avant la Purification Notre-Dame en 1324, Hugues Dauphin, Souverain Seigneur et Baron de Faucigny, de l'avis et consentement de Henry Dauphin, son frère,

Evêque de Metz, Prince du Saint Empire Romain, Baron de Montauban et de Médullion, et Régent du Dauphiné, ainsi que de l'avis de Jean Dauphin de Viennois, de Gapençois et de Diois, Comte d'Albon et Sire de La Tour-du-Pin, leur neveu, Hugues Dauphin Baron de Faucigny, disons-nous, accorde et restitue aux Seigneurs François Sire de Lucinge, Chevalier, et son frère Etienne de Lucinge, Damoiseau, la juridiction de haute justice *Omni modo, mere, mixte et impere*, leur abandonnant les biens confisqués par les juges de leurs cours, mais exigeant d'eux l'hommage noble de leurs seigneuries, et promettant leur faire compter, pour marque de la grande considération qu'il a pour eux, deux cents livres, argent de Genève, à la première réquisition desdits Seigneurs. En 1326, le samedi avant la fête de Saint-Jean-Baptiste, à Grenoble, Henry Dauphin, Evêque de Metz et Régent du Dauphiné, ratifie la transaction susdite, et disant que le sceau dont il se servoit ordinairement comme Evêque de Metz s'étant incontinent rompu, il y fait apposer celui de sa baronnie de Montauban. Sous la même date, à Grenoble, Guy Dauphin de Viennois, Comte d'Albon, Sire de La Tour, etc., *loue, approuve et confirme où besoin sera, les choses arrêtées par ses chers oncles paternels*, et fait apposer à ladite transaction son sceau delphinal. Il paroît que François II ne voulut pas accéder à la condition de prêter foi et hommage aux Barons de Faucigny de la race dauphine; car il étoit en guerre avec eux postérieurement au même acte de restitution, et l'on voit qu'il étoit assiégé dans les murs de Bonneville par le Dauphin Hugues, Baron de Faucigny, à la fin de l'année 1329. François de Faucigny-Lucinge épousa l'an 1337 MARIE DE COUCY, laquelle étoit fille de Lancelot de

DE COUCY-CHATEAUVIEUX.
D'azur à 3 faces ondées d'or, écartelé d'azur, à la fleur-de-lis d'or.

Coucy, Damoiseau, Sire de Châteauvieux en Bresse et de sa troisième femme Alix de BUSSY, comme il appert d'un titre cité par Chorier. Marie de Coucy, Dame de Lucinge, étoit sœur d'Aymon Sire de Châteauvieux et de Verjon, Maréchal de Bourgogne, Grand-Ecuyer de la Reine Isabeau de Bavière, Gouverneur Général de Champagne et de Piémont, Lieutenant Général au Gouvernement des pays de Savoye, de Bresse et Bugey, Révermont, Dombes, etc. Du mariage de François II, Sire de Lucinge, avec Marie de Coucy, furent issus les six enfans qui suivent :

1° Jean de Faucigny-Lucinge, qui suit et continue la postérité.

2° Jacquemet de Faucigny-Lucinge, Damoiseau, qui comparoît dans un titre du 1er mars 1400, avec Jean *le Bocquéran*, son frère aîné, et Mermest son troisième frère.

3° Benoit de Faucigny-Lucinge, Abbé de Lure et Prince du Saint Empire Romain, lequel fonda un obiit en sadite Eglise Abbatiale, pour le repos des âmes de François son père, de Marie de Coucy, sa mère, et de Humbert Sire de Lucinge, son aïeul. Il avait été nommé, par le Pape Innocent IV, Administrateur du temporel et Régulateur spirituel de l'Evêché de Maurienne. On voit par son épitaphe en l'Eglise cathédrale de Saint-Jean qu'il y mourut le 25 janvier 1408.

4° Hugues de Faucigny-Lucinge, Grand Chancelier de Savoye, Chevalier des ordres du Collier de Savoye et du Croissant d'Or de Sicile, Advoué des Eglises Primatiales et Métropolitaines de Vienne et d'Arles, Vidame de Genève, de Grenoble, de Valence, de Gap et de Die, Tuteur du Dauphin Jean de Viennois, etc. Il est cité par Belleforest, Martial d'Auvergne et Cæsar Nostradamus comme un des personnages les plus éminens et les plus vénérables de son siècle. « Et hors » mys le Pape et l'Emperoer n'estoit neul Prince ou Preslat en » la christienté quy feust en si grandte fiance et magnificque » renom comme estoit ledict Monseigneur Hugo de Lucinge, le- » quel s'entremist au regard de la Royne Jehanne, etc. » (Antoine de la Salle, Chron. d'Anjou, p. 226.) Dans plusieurs actes scellés pendant sa jeunesse, Hugues de Lucinge est prénommé *Mermest* ou *Hugues-Mermet*. Dans son tableau des Chanceliers de Savoye, vol. I de l'Histoire de Savoye, p. 116, année 1399, Guichenon l'a mentionné seulement sous les noms de *Hugues de Lucinge*, et les anciens généalogistes ont pensé qu'il « avoist deu choysir et recevoir iceluy nom d'Huyghes au » sacrament de confirmation. » Il avoit succédé dans la dignité de Chancelier de Savoye à Jean de Conflans Sire de Cormilons, et il eut pour successeur au même office Antoine de Chaslant des Vicomtes d'Aoste, Cardinal et Chancelier de la Sainte Eglise Romaine, Archevêque, Prince et Comte de Tarentaise, Evêque et Prince de Lausanne, Légat du Saint-Siége en Empire, en France, en Angleterre, etc.

5° Henry de Faucigny, Chevalier, Grand Prieur et Souverain Réformateur de l'ordre de Saint-Jean de Jérusalem en Italie ; lequel comparoît dans un acte du 29 juillet 1357, et dans une charte du 2 février 1359 ; il y reçoit les soumissions de Jacques de Savoye, Prince d'Achaïe, envers le Comte Amédée de Savoye, Duc de Chablais etc., son oncle ; ayant pour assistans à l'effet de recevoir, agréer, affirmer et témoigner ladite soumission, Amédée Souverain Comte de Genevois, et Humbert Souverain Sire de Thoires et de Villars, ses cousins. Il est à considérer que dans le dernier de ces deux actes, Henry ne reçoit du Comte ou de la Chancellerie de Savoye que le nom de *Faucigny*, tandis que pour sa branche on n'employoit généralement alors que le surnom de *Lucinge*. Ladite charte est pleinement rapportée par Guichenon, vol. II, pag. 113 et 114 des pièces justificatives de son Hist. de Savoye.

6° Isabelle de Faucigny-Lucinge, mariée en 1350 à Robert, Sire de Menthon, Chevalier, lequel en eut pour fils aîné Henry II du nom, Sire de Menthon, Grand Ecuyer de Savoye, de qui sont issus les Seigneurs Comtes de Montrostier, chefs de cette maison, la plus ancienne et la plus illustre du Genevois. Le Bienheureux Bernard de Menthon, instituteur des Chanoines réguliers *à l'effet de secourir les voyageurs*, et fondateur de l'hospice du Refuge au Mont-Joux, étoit l'arrière-grand-oncle de Robert, mari d'Isabelle de Lucinge. Il est assez connu que le mont Saint-Bernard, autrefois le mont Joux, a pris du même Saint Bernard de Menthon le nom qu'il porte aujourd'hui.

Jean Bâtard de Lucinge, Ecuyer du Comte Amédée IV de Savoye, est porté sur le rôle des hommes-d'armes qui suivirent ce prince à Mâcon et à Saint-Omer, lorsqu'il alla porter assistance au Roi Jean de Valois en l'année 1355. *Il étoit fils naturel de François II, qui l'avoit doté d'un fief noble, mouvant de la Tour de Lucinge. Le moine de Sixte lui donne les qualifications de Chevalier et de Seigneur de Contamines ; mais comme ladite Seigneurie de Contamines appartenoit à l'ordre de Cluny depuis l'an* 1139, *époque de sa donation par Guy de Faucigny, Evêque de Genève, elle ne pouvoit derechef être inféodée ni concédée. On ne sauroit du reste vérifier la plupart des assertions du même auteur, attendu qu'on ignore les sources où il les avoit puisées.*

12e DEGRÉ. JEAN DE FAUCIGNY-LUCINGE II du nom, surnommé *le Bocquéran*, fils aîné de François, Sire de Lucinge, et de Marie de Coucy, se trouve qualifié Haut et Puissant Seigneur, Chevalier, Sire de Lucinge, Seigneur d'Arcine, de Beuges, de Samoëns en Faucigny, des Entremonts-lez-Genevois et autres lieux. Par titre du 14 août 1386, en son nom propre et celui du Comte de Genevois, Sire de Thoires, il donne quittance pour la somme de 1,800 livres genevoises à Noble Amédée, Seigneur de Dortans et de Martignast, Chevalier, ancien Garde-des-Sceaux de la cour du Sire de Thoires, et Capitaine pour son fils le Comte de Genevois, de ses ville et château-fort d'Annecy. Le verbal de l'acte établit que ladite somme étoit due par Amédée comme héritier de son aïeul André de Dortans, en son vivant Seigneur dudit lieu, Conseiller et Chambellan d'Odon de Faucigny, Sire de Thoires et de Villars; lequel André, par mandement des Sires de Lucinge et de Thoires, avoit autrefois prélevé les deux tiers de la même somme de 1,800 livres sur la perception des droits régaliens dans quatre-vingt-treize seigneuries soumises à la Sirerie de Thoires et relevant du château de ce nom. Le surplus de ladite somme ayant été perçu par le même André sur les dîmes, devoirs, droits d'hommage, amendes, confiscations, aveux de servitude, impositions, censive et capitation dans vingt-trois fiefs nobles dominés par la Tour Suzeraine de Lucinge. Les témoins de la même quittance étant Alanie de Beaufremont, grand'mère du débiteur et veuve de son aïeul André; Louis de Dortans, Chanoine et Comte de Lyon; Perceval de Dortans, Seigneur de Lisle-sous-Martignast; Philippe de Dortans, Prieur de Ville-en-Michaille, et Galéas de Dortans, Varlet du Comte de Savoye : tous freres puînés du même Amédée, Seigneur de Dortans et Gouverneur d'Annecy. Par un compte de Jean Bombat de Divonne, Garde-des-Sceaux et Receveur Général des lods et ventes de la baronnie de Faucigny, il appert que, de l'an 1400 à l'année 1405, Jean de Faucigny-Lucinge, avec Jacquemet, son frère, avoient payé la somme de 280 florins d'or pour les droits de ce qu'ils avoient acquis de feu Guillaume de Genesy, Seigneur de Clairfont. Jean II vendit la seigneurie d'Arcine en Genevois, avec les fiefs d'Entremont, dont il avoit hérité de son grand-oncle François de Faucigny-Lucinge, Grand-Prevôt de l'Eglise de Genève, aux auteurs de Noble Jacques de Verboult, ainsi qu'il est prouvé par lettres-patentes de Janus de Savoye, Comte de Genevois, Baron de Faucigny et de Beaufort, lequel acte confirme postérieurement ladite vente en 1471. Il avoit reçu mandement d'Odon de Faucigny-Villars, qui fut depuis Comte de Genevois, à l'effet de se joindre au Sire d'Aranthon et *aultres du sang de Faulxigny* pour s'opposer à l'entreprise et l'usurpation du Maréchal de Boucicault sur la forteresse et la seigneurie de Puy-Riccard, « où avez droict aprèz moy, quy par maleheur n'ay lignée, » porte le même titre ; lequel établit évidemment que, dès le XVe siècle, les Sires de Lucinge étoient considérés par les Sires de Thoires et Comtes de Genevois comme étant leurs héritiers naturels en droit d'expectative. Le même prince étoit qualifié sur son épitaphe, en l'Eglise de Saint Bonaventure de Lyon, « Odon, par la grâce de Dieu, Souverain Sire » de Thoires, Prince et Marquis du Saint Empire Romain, » Comte de Genève et de Genevois, de Beaufort et d'Avelyn,

» Prince d'Orange et Sire de Baux, Duc d'Andrie, Seigneur » de Trevoux, Mont Ellier, Martigues, Annonay, Gymont, » Aspremont, et LXXII autres ses lieux, Chevalier de la » Toison-d'Or de Bourgogne, du Collier de Savoye et des » ordres de Naples et d'Anjou. » Jean le Bocquéran avoit épousé FÉLIXONNE DE LUCINGE D'ARANTHON, Dame de Sales, de Traves et de Bertilly, fille aînée d'Odon de Faucigny-Lucinge d'Aranthon, Vicomte de Genève, et d'ETIENNETTE DE CHATILLON; de ce mariage il étoit provenu le fils unique qui suit :

DE FAUCIGNY-LUCINGE-D'ARANTHON.
Bandé de 6 pièces d'or et de gueules, au pal retrait d'azur, brochant sur le tout, pour *brisure*.

13ᵉ DEGRÉ.

JEAN DE FAUCIGNY-LUCINGE III du nom, qualifié Haut et Puissant Seigneur, Chevalier, Sire de Lucinge, Seigneur et Châtelain de Sales, de Traves, de Bertilly, de Samoëns, de Monthyon, de Festerne, de Beuges, de la Roche-sur-Arve et autres lieux, Chevalier de l'ordre d'Orléans, dit du Porc-Epic, etc. Louis, Dauphin de Viennois, Baron de Faucigny, qui fut depuis Louis XI du nom, Roi de France, ayant cédé le pays de Faucigny au Duc Louis de Savoye, ce fut le Duc Amédée VIII qui se trouva seigneur suzerain de Jean III, Sire de Lucinge. Par un compte du Trésorier Général de Savoye de l'année 1423 à 1424, on voit qu'il est sommé de payer une amende de cent vingt écus d'or pour avoir refusé de prêter foi et hommage au Duc de Savoye, son nouveau souverain. Par lettres-patentes de ce dernier prince, le même Jean, Sire de Lucinge, est confirmé dans ses juridictions héréditaires de haute justice *Omni modo*, *mere mixte et impere*, avec *le droit de glaive* et de faire grâce ou d'infliger le dernier supplice aux sujets et vassaux de ses terres de Lucinge, de la Roche, de Sales, de Traves et autres Seigneuries, tant de l'héritage de ses aïeux paternels que de celui de Félixone de Lucinge sa mère; le Seigneur Duc augmentant les possessions d'icelui Sire de Lucinge, de plusieurs autres seigneuries, ans autres charges que l'hommage noble, lige et direct envers la couronne de Savoye. Ladite chartre, contre-signée d'Entermet de Spina, Secrétaire du Duc, et datée du château d'Evian le 15 février 1424. Par titre du jour de Saint Joseph en l'année 1429, il fonde à perpétuité dans l'Eglise de Notre-Dame du Reposoir en Faucigny, avec Honorate GRIMALDI son épouse, une messe solennelle *en action de grâces*, et donne pour cette fondation le manoir dit de Sybuera avec son entrée sur la route et le terrain qui dépend de ce fief. Il est à remarquer que le premier acte d'autorité que firent les Ducs de Savoye, en recouvrant la possession du Faucigny, ce fut d'y rétablir les Sires de Lucinge, aînés de la maison de Faucigny, dans tous les droits de suzeraineté dont la race dauphine avoit travaillé pendant deux cents ans à les dépouiller. Honorate Grimaldi, femme de Jean, Sire de Lucinge, étoit la quatrième fille de Jean Grimaldi des Princes de Monaco, Chevalier, co-Seigneur d'Antibes, Chevalier de l'ordre de Sicile et d'Anjou, etc., et de sa femme Blanche DORIA des Marquis d'Oneille. Jean III de Faucigny mourut vers l'an 1445, et laissa les enfans qui suivent :

DE GRIMALDI-MONACO. Fuselé d'argent et de gueules, au lambel d'azur à trois pendans, mis en chef.

1° Etienne de Faucigny-Lucinge, dont l'article suivra celui de ses frères.

2° PERCEVAL DE FAUCIGNY-LUCINGE, Abbé de Saint-Etienne de Verceil en 1459.

3° LOUIS DE FAUCIGNY-LUCINGE II du nom, Chevalier, Seigneur de Valorcines en Faucigny, lequel est nommé dans un grand nombre de titres cités par Guichenon dans son Histoire de Bresse et Bugey.

4° et 5° JEAN et CLAUDE DE FAUCIGNY-LUCINGE, Ecuyers, lesquels sont compris avec Etienne et Louis leurs frères, dans un acte qu'on va citer à l'article du même Etienne leur frère aîné.

14° DEGRÉ. ETIENNE DE FAUCIGNY-LUCINGE, qualifié Haut et Puissant Seigneur, Chevalier, Sire de Lucinge, Seigneur de Sales, de Traves, de Bertilly, de Samoëns et de Monthyon, Châtelain de Bonneville en Faucigny, de Beuges et de la Balme en Genevois, de la Roche-sur-Arve et autres lieux, Chevalier de l'ordre royal du Benoît Saint Michel Archange, Chevalier de l'ordre, Conseiller et Grand Maître de l'Hôtel de Louis, Duc de Savoye, Grand Ecuyer d'Annabelle d'Ecosse, femme de Louis de Savoye, Roi de Chypre, Conseiller du même prince en son conseil étroit, etc. Par lettres-patentes des princes Humbert VIII et Odon, Souverains Sires de Thoires et Comtes de Genevois, sur ce que les tuteurs et curateur d'Etienne, Sire de Lucinge, avoient fait remontrer auxdits seigneurs Comtes de Genevois et à ceux de leur conseil, au sujet de plusieurs négociations et certains projets de transaction avec le seigneur Comte de Savoye, que ledit Sire de Lucinge et ses héritiers étoient les successeurs naturels audit comté de Genevois, et de plus qu'ils étoient établis par le codicille au testament du Comte Pierre et la reconnoissance de son frère le Pape Clément VII, comme devant après les Sires de Thoires et de Villars, et à défaut de leur postérité, leur succéder en la possession dudit pays et souverain comté, (suit ici le détail des degrés de filiation et de consanguinité entre les Comtes de Genevois, les Sires de Thoires et les Sires de Lucinge, avec les clauses et paroles du codicille au testament précité.) ayant égard à la poursuite faite au nom d'Etienne, Sire de Lucinge, et fils mineur de Jean Sire de Lucinge, Sales, Trayes, Monthion, Bertilly, Samoëns, etc., il est déclaré par le Prince Humbert VIII, et par son oncle Odon « qu'au regard de la mesme comtee de Genesve et Ge- » nesvois ne doibt et sauroist estre oultre passez neul con- » tract entre lesdicts Comtes de Sauoye et de Genesve, fors » pourveu que ledict Sire de Lucinge ou aultre son heritier » de l'estoc de Foucigny ne sy treuve appelez por y povoer » baillier ou desnier consantement. » Par acte du 27 décembre 1444, le même Étienne est adjoint et substitué caution pour le paiement des deniers dotaux promis à Marguerite de Savoye, Reine de Sicile, remariée avec l'Electeur Palatin, Louis Duc de Bavière, ainsi que pour l'acquittement du reste de la dot de Charlotte de Savoye, femme de l'Electeur Frédérick, Duc de Saxe. Étant nommé pour témoin dudit acte de garantie, Claude de la Baulme, Comte de Montrevel, Gouverneur des deux Bourgognes, et l'une des cautions déjà données par Louis Duc de Savoye, aux deux Electeurs ses gendres. Par compte du 3 novembre 1446, jusqu'à pareil jour de l'année suivante, le Trésorier Général de Savoye reconnoît avoir reçu d'Etienne, Louis, Jean et Claude, fils de feu Jean, Sire de Lucinge, Chevalier, pour les subsides auxquels ils sont tenus envers Louis, Duc de Savoye, et comme ayant obtenu de lui sur leurs vassaux la confirmation des juridictions *mere, mixte et impere*, avec *le droit de glaive*, ainsi qu'il conste d'un accord fait à Genève entre le Seigneur Duc et lesdits Seigneurs de Lucinge, la somme de quarante florins, petit poids. Par contrat du 11 septembre 1449, Etienne confirma la cession du château fort de la Roche-sur-Arve, avec ses droits féodaux, biens fonciers, redevances et tout ce qui lui pouvoit appartenir dans les mandement et châtellenie de la Roche, à Noble Seigneur Boniface du Saix, Chevalier, moyennant la somme de cent cinquante florins d'or. En 1455, il fut un des Seigneurs qui jurèrent pour le Duc Louis de Savoye l'exécution du traité qu'il venoit de conclure avec le Roi de France Charles VII; il épousa, l'an 1456, CATHERINE du SAIX, d'une ancienne et très-noble maison du Comté de Bresse, issue de Hugues, Seigneur du Saix, Chevalier, qui vivoit en l'année 1060, comme il se voit à la page 349 de l'Histoire de Bresse et de Bugey. Ladite Catherine étoit fille de Claude, Baron du Saix et de Tramellay, Seigneur de Rivoyre, de Visremond, de Corrobert et autres lieux, Chevalier de l'ordre suprême de l'Annonciade de Savoye, Doyen de l'ordre de Saint Maurice, Lieutenant Général du Duc de Savoye deçà et delà la rivière d'Ain, Régent des Principautés de la Morée et d'Achaïe, (comme tuteur du Prince Amédée de Savoye,) Gouverneur des ville et château de Nice, etc., et de MARGUERITE de JUYTS de LA BASTIE de BELVEY

DU SAIX.
Écartelé d'or et de gueules.

son épouse. Etienne, Sire de Lucinge, et Catherine du Saix testèrent le 2 septembre 1458, et laissèrent les enfans qui suivent :

1° HUMBERT DE FAUCIGNY-LUCINGE III du nom, dont l'article va former le quinzième degré de la présente généalogie.

2° JEAN IV DE FAUCIGNY-LUCINGE, Chevalier, Seigneur de Saint-Nicolas de Vérosse et d'Aviernoz en Faucigny, l'un des héritiers universels de ses père et mère, et lequel est nommé dans le testament de son frère Humbert en 1496. Par lettres patentes de Charles, Duc de Savoye, en exécution de la bulle du Pape Léon X, à l'effet d'ériger l'église de N. D. de Bourg-en-Bresse en siége épiscopal, le même Jean de Lucinge, Seigneur d'Aviernoz, est nommé conjointement avec Antoine de Savoye, Seigneur de Pennes, afin d'assister aux prescriptions et cérémonies de ladite érection, et d'y suppléer au besoin le Prince Henry de Lucinge, principal légat du Duc de Savoye Comte de Bresse. Henri se trouve qualifié dans la même patente *Benedilectus Consanguineus et Consiliarius noster, Nobilis Princeps Henricus de Lucingia Comes Brisoni.* Ladite charte datée de Turin le 17 avril 1522, contresignée *Roffier* et scellée du *grand scel à cheval* de Savoye, ainsi que le porte le verbal de l'acte.

3° LOUIS DE FAUCIGNY-LUCINGE, Ecuyer, Châtelain de Faucigny sur l'Arve en 1476 : mentionné par le testament d'Etienne Sire de Lucinge et de Catherine du Saix comme un de leurs héritiers universels.

4° ETIENNE DE FAUCIGNY-LUCINGE, Grand-Prieur d'Ambronay, Protonotaire apostolique, Archidiacre de Tarantaise, et Chanoine de la Basilique majeure de Saint-Jean-de-Latran.

5° EUSTACHIE DE FAUCIGNY-LUCINGE, Abbesse de Sainte-Croix-du-Mont.

6° PERCEVALLE DE FAUCIGNY-LUCINGE, Religieuse au Prieuré de Meslan, ensuite Prieure et Dame de Bons en Bugey.

7° AYMÉE DE FAUCIGNY-LUCINGE, veuve de Don Pietro CARPIGLIONA DI ROSTERNO.

8° PERNELLE DE FAUCIGNY-LUCINGE, femme de Noble Aymon du COLLENDIER, Ecuyer de Louis de Savoie, Prince d'Antioche.

15e DEGRÉ. HUMBERT DE FAUCIGNY-LUCINGE III du nom, qualifié Haut et Puissant Seigneur, Chevalier, Sire de Lucinge, Seigneur de Saint-Siergues, de Wallon, de Chasteau-blanc, et de Samoëns en Faucigny, Ambassadeur de Louis, Duc de Savoye auprès du Pape Calixte en 1458, Grand-Châtelain de Beaugé et Gouverneur Général du pays de Bresse, par lettres patentes de 1482 : Plénipotentiaire de l'Empereur Frédéric-le-Pacifique, auprès du Pape Sixte IV en 1483, etc. Dans le traité d'alliance qui fut conclu entre le Roi Louis XI et le Prince Philippe de Savoye, il est donné pour caution dudit traité. En 1490, il étoit un des Régents de Savoye pendant la minorité du Duc Charles Ier et l'un des *Conseillers nécessaires* de la Duchesse Blanche de Montferrat, mère et tutrice du jeune prince, ainsi qu'il appert de son acte de serment rapporté par Guichenon, vol. II.

p. 436 de son histoire de Savoye. Par titre du mois d'août 1510, il reçoit au nom de Marguerite d'Autriche, Duchesse douairière de Savoye, l'aveu de servitude, l'hommage-lige et le serment de fidélité de Guillaume Sire de Vergy, Maréchal de Bourgogne, pour ses redevances à l'égard de la même princesse à titre de Dame Châtelaine, Patrone et Haute-justicière de Salins. Humbert III avoit épousé par contrat du 10 mai 1477, Très Noble Damoiselle CLAUDINE des ALYMES, fille unique de T. N. Seigneur Amédée François, Seigneur des Alymes et de Montuerd, Chevalier-Banneret, et de T. N. Dame LOUISE DE MARCEY, ledit mariage ayant eu pour témoins au château du Pont-d'Ain, H. et P. Prince Philippe de Savoye, Comte de Bresse; Sybault de Loriol, Chancelier de Chypre; Georges, Sire de Chasteauvieux, etc. Humbert III prêta foi et hommage à la Duchesse douairière Iolande de Savoye, mère et tutrice du jeune Duc Philibert, pour ladite seigneurie des Alymes, à Turin par acte d'aveu du 17 novembre 1471, et réitéra ledit hommage au château de Monestrelles en 1482 le 28 novembre. Il testa le 14 juin 1496; il élut sa sépulture en son église des Alymes et fit exécuteurs de ses dernières volontés Antoine Seigneur de Genost, Chevalier; Jean de Lorriol, Seigneur de Chasle, et Antoine, Seigneur de Varax et de Romans, Grand Baillif de Bresse. Humbert III écartela ses armes de celles des Alymes, qui sont *fascé d'argent et de sinople*, ainsi qu'il appert des anciens armoiriaux de Bresse et de Bugey. Il portoit pour devise héraldique A LA BONNE VILLE BONNE NOUVELLE, et le cimier de son casque étoit un *dextrochère armé d'or*, ainsi que le marque Jules Fabvier. Il avoit eu pour enfans:

DES ALYMES
Fascé de sinople et d'argent.

1° BERTRAND DE FAUCIGNY-LUCINGE qui continue la filiation.

2° LOUISE DE FAUCIGNY-LUCINGE, laquelle épousa Bernard d'AGLIÉ des comtes de SAINT-MARTIN, Sire de Rozey en Canavais.

3° DENYSE DE FAUCIGNY-LUCINGE, femme de François de MONTFERRAND, Chevalier, Sire de Château-Gaillard, de Cormos et de Miradour. Il étoit le neveu de Benoît de Montferrand, Evêque et Prince de Constance et de Lausanne, ainsi qu'il appert de plusieurs titres originaux.

4° PERNELLE DE FAUCIGNY-LUCINGE, Abbesse de Château-Châlons, Comtesse du Saint Empire Romain, etc.

5° CHARLOTTE DE FAUCIGNY-LUCINGE, Religieuse à l'Abbaye de Salettes en Dauphiné.

16e DEGRÉ. BERTRAND DE FAUCIGNY-LUCINGE, qualifié Haut et Puissant Seigneur, Chevalier, Sire de Lucinge, Seigneur des Alymes, de Saint-Siergues, de Chasteaublanc, de Wallon, de Samoëns, de Montuerd et autres lieux, Chevalier de l'ordre, Conseiller, Chambellan et Cheftaine des Gentilshommes de l'hôtel du Duc de Savoye Charles-le-Bon. Il fut premier tenant dans un tournoi à la lance, à Genève, au mois de mai l'an 1498, ayant eu pour assaillans le Duc de Savoye, le Vicomte de Martigues, le Comte de Gruyères et *grant numérosité de puyssants Chevaliers d'oultre Rhyn*, ainsi qu'il fut registré par Maître *Bonnes-nouvelles*, Héraut d'armes de l'ordre de Savoye. Le 2 février 1519 il est témoin d'une concession faite par Charles Duc de Savoye, à Guillaume Sire de Vergy, en présence de Claude de Seyssel Archevêque de Turin, et de Jacques de Myolans Comte de Montmayeur. Après la conquête des Etats de Savoye par le Roi François Ier, il accompagna le Duc Charles en Flandres, où il prit pour femme Haute et Puissante Damoiselle ANNE DE GAVRE, fille d'Arnould de Gâvre, Chevalier de la Toison d'Or, Baron de Scornays, Châtelain de Stanewelde, Pair de Flandres et Grand Forestier de Haynaut, laquelle étoit sœur puînée de Jeanne de Gâvre, femme de Victor de Flandres, Baron d'Ursel et Sire de Wesseyghem, ainsi qu'il appert de la Généalogie de M. le Prince de Gâvre, Grand Maréchal de la Cour de Brabant, Gouverneur Général, Souverain Baillif de Namur, etc. (Manus. de D. L. de Villevieille à la bibl. du Roi.) Bertrand Sire de Lucinge eut quatre enfans d'Anne de Gâvre, dont il étoit veuf le 8 avril 1520. Par contrat du 19 décembre 1522, il épousa dans la chapelle du palais épiscopal d'Ivrée, en présence de Claude de Stavayé, Évêque et Prince de Belley, Chancelier de l'ordre de Saint-Maurice; de Pierre de la Baulme de Montrevel, Evêque et Prince de Genève; de Louis de Châtillon, Seigneur de Musignan, Grand-Ecuyer de Savoye; de Bertolin de Montbel, Seigneur de Frusasque, Grand-Maître de la Cour, et autres Seigneurs, Dona GUYOMARE CONSTANCE MÉNICIE DE CARDUSE DE MÉNÉZÈS DE CASTRO, etc., Dame d'honneur de l'Infante Béatrix de Portugal, fille du Roi Don Manuel-le-Grand, et femme de Charles Duc de Savoye, IIIe du nom. Guyomare de Carduse étoit fille de Don Sébastien Gonsalve de Carduse

DE GAVRE.

D'or au lion de gueules, écartelé d'or au lion de sable, qui est de *Flandres*, à la bordure engrelée d'azur.

DE CARDUSE-CASTRO.

Ecartelé, au Ier de sable aux trois tours d'or, deux en chef et l'autre en pointe, qui est de *Ménézès*; au 2 coticé d'azur et d'argent de huit pièces, qui est de *Vasconcellos*; au 3 d'argent aux deux ancolies de sable mises en fasce, au franc quartier fretté d'or et de gueules, qui est de *Mascarégnas*; au 4 d'azur au chêne englanté d'or, qui est de *Sylva*; sur le tout de gueules à un chardon de sinople supporté par deux lions d'or, qui est de *Carduse*, parti d'azur à six besans d'argent, posés deux en chef, deux en cœur, et les autres en pointe, qui est de *Castro*.

---

de Ménézès de Castro de Mascarégnas et de Sylva-Tavora, Seigneur de Carduse et de Fonte-Mayor, Grand Alcaide de Viseo, Commandeur de l'ordre de Saint Jacques Porte-Glaive, et de Dona MARIE ARCHANGELLE de PORTUGAL DE SOUZA DE BRAGANCE ET DE MELLO, laquelle étoit issue du Roi de Portugal Alphonse III, et se trouvoit cousine au quatrième degré de l'Infante Béatrix, Duchesse de Savoye, ainsi qu'il se voit en la Généalogie des Rois de Portugal, vol. 1, p. 583 et chap. suivans. Bertrand Sire de Lucinge testa le 5 février 1527, et Guyomare de Carduse le 4 septembre 1551. De ces deux alliances il étoit provenu les enfans qui suivent :

DU PREMIER LIT.

1° MARGUERITE DE FAUCIGNY-LUCINGE, laquelle épousa François de Faucigny-Lucinge-d'Aranthon, Vicomte de Brison.

2° et 3° CLAUDINE et MARIE DE FAUCIGNY-LUCINGE, religieuses au prieuré de Bons en Bugey.

4° AMBLARD DE FAUCIGNY, Sire et Comte de Lucinge, Prince du Saint Empire Romain, Vidame de Belley, Chevalier de l'ordre du Roi Très Chrétien, Seigneur et Haut-Justicier de Samoëns-en-Faucigny, Saint-Siergues, Châteaublanc, Wallon, Montuerd et autres lieux. En vertu de plusieurs actes d'investiture ou de recognition confirmative, émanés des Empereurs Frédérick Ier, Henry de Luxembourg, Charles IV, Vinceslas, Sigismond, Frédérick IV et Maximilien Ier, il reçut et prit les qualifications de Prince et de Comte, à titre d'agnat, principal héritier des Princes de Genève, souverains Comtes de Genevois, dont les

Ducs de Savoye avoient obtenu le domaine utile. Dans un acte de réclamation par devant l'Empereur, Roi, Duc et Comte de Bourgogne, daté du mois de mai 1546, il établit ses droits à la possession du pays de Genevois, 1°, sur son extraction des Comtes de Genève et de Genevois, par Aymon II du nom, de qui Blanche Doria des Marquis d'Oneille, quatrième aïeule du réclamant, se trouvoit issue par filiation légitime, au même degré de filiation que la Princesse Guillemette de Neufchâtel, aïeule des derniers Comtes de Genevois de la branche de Faucigny-Thoires et Villars; 2°, il objecte au sujet des derniers Comtes de Genevois, de la maison de Genève, surnommés les *Galliens* et prédécesseurs des Sires de Thoires, qu'ils avoient usurpé la possession du même pays sur la ligne aînée provenue du même Comte Aymon II, de qui le Comte Amédée II leur aïeul étoit frère puîné; en ajoutant que lui, Comte de Lucinge, étoit provenu du mariage d'Aymon avec Agnès de Montbelliard, morte en 1278, tandis que lesdits Comtes de Genevois, de la maison de Genève, étoient issus d'Amédée, son frère cadet, et d'Agnès de Châlons, qui vivoit encore en 1350; ce qu'ils avoient *audacieusement et damnablement* démenti, pour frauder les hoirs du même Comte Aymon et pour tromper les Conseillers de l'Empereur Robert-le-Palatin. 3°, il produit un codicille au testament de Pierre de Genève Comte de Genevois et de Vaudemont, daté du 8 avril 1393, lequel substitue à ses héritiers les Sires de Thoires et à leur postérité, les Sires de Lucinge, agnats des mêmes Sires de Thoires et Villars; 4°, il dépose un acte du 5 janvier 1394, scellé par ordre et sous les yeux du Pape Clément VII, frère puîné du même Comte Pierre et le dernier de la maison de Genève, lequel reconnoît pour ses héritiers au même Comté de Genevois, Humbert de Thoires et Villars, fils de Marie de Genevois leur sœur, ainsi que les agnats du même Humbert, les Sires de *Thoyria*, de *Villariis* et de *Lucingia*. Après avoir incriminé, soit la loyauté des Ducs de Savoye qui diroient faussement avoir acquis l'état de Genève, ou l'iniquité du Comte de Genevois, Odon Sire de Thoires et Villars qui l'auroit vendu, au préjudice de ses agnats Sires de Lucinge, et au mépris d'un testament, qui lui donnoit la possession du même état souverain, sans lui laisser la faculté de l'aliéner, le Comte de Lucinge établit quatorze rapports d'alliance entre la maison de Genève et la sienne; en outre il fait observer que dans les contestations survenues pour la succession du Comte Pierre et de son frère le Pape Clément VII, la maison de Savoye n'est jamais intervenue comme ayant droit à leur héritage, et (bien que Catherine, sœur de ces deux princes, eût épousé Amédée de Savoye) le seul prétendant et contendant en opposition avec le Comte Humbert de Thoires, agnat des Sires de Lucinge, n'avoit jamais été que Raymond Sire de Baux, Prince d'Orange, et après lui son petit-fils Louis de Châlons Sire de Baux, avec qui les Ducs de Savoye sont entrés, dit-il, en accommodement par transaction du 15 juin 1424. Ensuite il argue du diplôme de Prince, accordé par Frédérick-Barberousse au Comte de Genevois, Evêque de Genève, Ardutius de Faucigny, ainsi que des actes d'investiture impériale ou de confirmation précités, pour observer que si les Comtes de Genevois de la race de Genève, et si les Evêques de Genève en surabondance et par extension du même diplôme impérial, ont toujours paisiblement possédé depuis Ardutius le titre de Prince (bien que le même titre eût été conféré par le même Empereur Frédérick aux *héritiers naturels* d'Ardutius de Faucigny, *vu la grandeur de sa naissance et la noblesse de sa maison*), il en conclut finalement que lui, Comte de Lucinge, étant du sang de Faucigny et le principal héritier naturel du Prince Evêque Ardutius, et se trouvant, en outre, l'héritier légal des Comtes de Genevois de la maison de Genève, en vertu de son ascendance, ainsi qu'en vertu du testament du Comte Pierre approuvé par le Pape son frère, on ne sauroit lui contester un droit pour le moins égal au droit de *ceux de la race et de l'église de Genève*, à qui l'Empereur Frédérick n'avoit jamais eu la pensée d'étendre ladite concession. Le Duc de Savoie fit opposer au poursuivant un acte de vente et cession d'Odon de Faucigny, Thoires et Villars, Sire de Baux, Comte d'Avelyn, de Beaufort et de Genevois, daté du 5 août 1401, souscrit à l'hôtel de Nesle à Paris, garanti par le témoignage et affirmé par les sceaux de Jean de France, fils de France, Duc de Berry, d'Auvergne, etc.; de Pierre de Thurey, Cardinal de la Sainte Eglise Romaine du titre de Sainte Suzanne, de François Sire de Menthon en Genevois, Chevalier, et d'Amédée Sire d'Aspremont en Viennois, Damoiseau. (On avoit déjà mentionné ledit acte au 6ème degré de cette généalogie) En second lieu le Duc de Savoye fit infirmer l'assertion relative aux Comtes de Genevois Amédée et son frère Aymon, en affirmant que le Comte Pierre et son frère le Pape Clément VII, étoient véritablement issus du légitime héritier. Enfin, par sentence rendue à Bude en Hongrie le 29 juillet 1549, au nom de l'Empereur Charles-Quint, sans contester les droits acquis au Comte de Lucinge en vertu de la sacrée bulle d'or de Frédérick premier du nom, Roi des Romains, Empereur toujours Auguste, etc., scellée par Philippe, Archevêque de Cologne, Archichancelier de l'Empereur en Italie, et concédée l'an du salut 1171 : sans préjudicier non plus à l'autorité comme aux effets des autres actes d'investiture impériale invoqués par icelui Comte de Lucinge, il est fait défense à tout autre qu'à Emmanuel Philibert, Duc de Savoye, de Chablais, d'Aoste et de Genevois, Prince de Piémont, Marquis d'Italie, de Suze et d'Oneille, Comte de Genève, de Bresse et de Nice, Baron de Vaudois, de Faucigny, de Gex et de Bugey, Prince et Vicaire perpétuel du Saint-Empire Romain, etc., de prendre et porter les titres de Comte de Genève ou de Genevois; il est notamment fait défense au Comte de Lucinge de prétendre et chercher à troubler le Duc de Savoye dans sa pleine et paisible possession d'icelui même Etat Principauté du Saint Empire, comme aussi d'en figurer les armoiries sur les blasons de ses bannières, écussons, sceaux et monnaies. Amblard de Faucigny, premier Comte de Lucinge, vivoit encore en 1550 avec sa seconde femme HENRIETTE de CHATILLON, étant veuf de MARIE d'AMANJEU, dont il ne laissa pour postérité, que Philibert de Faucigny-Lucinge, d'abord Prieur commandataire de Chavanost en Dauphiné et premier Aumonier de la Reine de France Eléonore d'Autriche, ensuite Archevêque de Tarse, sacré par le Cardinal de Montrevel, Archevêque de Besançon, enfin Patriarche titulaire d'Antioche en 1588, Abbé de Saint-Just et Prieur de Miranda. Par lettre close du même Duc Emmanuel de Savoye, datée de Turin le 24 février 1567, Philibert de Lucinge est averti que le baptême du Prince de Piémont, fils aîné d'Emmanuel, doit avoir lieu le quatrième dimanche de Carême, *à cette fin que si vostre sancté le permestent*, porte ladite lettre *vous vouliez byen, mon Cousin, l'honorer de vostre présence.* Le Prince Philibert, Comte de Lucinge et Patriarche d'Antioche, mourut à Rome au mois d'août 1597, et fut inhumé dans l'église de Sainte-Marie *in via lata*, où le Pape Clément VIII ordonna de lui faire de magnifiques obsèques.

ENFANS DU SECOND LIT.

5° CHARLES DE FAUCIGNY-LUCINGE, Seigneur des Alymes, lequel a continué la postérité.

6° BEATRIX DE FAUCIGNY-LUCINGE, Prieure de l'Abbaye de Salettes en Dauphiné. Feu M. Janse a cru qu'elle étoit morte Abbesse du Paraclet ; mais on n'en a trouvé la marque nulle autre part.

7° MARIE DE FAUCIGNY-LUCINGE, Damoiselle des Alymes et Dame d'honneur de Marguerite de France, Duchesse de Savoye, morte sans alliance, ainsi que le porte son épitaphe en l'église de N. D. du Reposoir en Faucigny. Elle étoit l'amie de Saint François de Sales, Evêque de Genève, et de la Bienheureuse Jeanne Baronne de Chantal ; on voit aux archives des couvens de Sainte Marie d'Annecy, de Lyon et de Moulins, qu'elle avoit contribué très-efficacement à l'établissement de l'ordre de la Visitation.

CHARLES DE FAUCIGNY-LUCINGE III du nom, qualifié Haut et Puissant Seigneur, Chevalier, Seigneur et Baron des Alymes, des Marches, de Chasteaublanc, Wallon, Montuerd, La Thuilerie-de-Torcieu, Samoëns et autres lieux. Chevalier de l'ordre, Chambellan, Grand Veneur de S. A. de Savoye par-deçà les monts, etc. Il étoit le second fils de Bertrand Sire de Lucinge et de Guyomare de Carduse-Castro. Le Roi François I ayant déclaré la guerre au Duc de Savoye, et s'étant saisi des pays de Bresse et de Bugey, comme héritier de Louise de Savoye sa mère, à qui l'on refusoit le Comté de Nice, Philibert de Faucigny, alors premier Aumônier de la Reine de France, rendit hommage au même Roi François Ier, comme tuteur de son parent, *le Seigneur des Alymes en Bugey*, par acte du 29 avril 1536. Loin d'accéder à l'acte d'aveu de son tuteur, Charles III entreprit de servir le Duc Emmanuel de Savoye son prince naturel, et forma le projet de s'emparer de la ville de Lyon. Il milita sous les ordres du Baron de Polvilliers, Général du Saint Empire, en qualité de Maréchal de bataille ; il fut blessé dans plus de vingt rencontres et notamment d'un coup de pertuisane au siége de Bourg. Thuanus a dit qu'il *estoit estimé pour estre un des quatre plus grands capitaines et plus valeureux chevaliers de son temps.* Cependant le Parlement français établi à Chambéry condamna le Seigneur des Alymes à être décapité, ce qui fut exécuté seulement en effigie; mais on confisqua tous les biens de sa famille, et ses châteaux-forts des Alymes et de Montuerd en Bugey furent minés, démantelés et démolis par les troupes de l'Amiral Chabot, en exécution de l'arrêt rendu par le même parlement de Chambéry au nom du Roi de France Henry second, le 8 janvier 1557. A la restitution des États de Savoye par Henri II, le Duc Emmanuel recouvra ses droits sur la Bresse, et son premier acte d'autorité fut d'y rétablir en tous leurs biens Charles de Faucigny-Lucinge, et ses adhérens : savoir Pierre de Granger, Seigneur de Champremont et de Myons; Claude du Puy-de-Martel, Chevalier; Rène de Buscard de Lyathold, Ecuyer, et le Capitaine Verdet, ainsi qu'il appert des lettres patentes registrées au Sénat de Chambéry le 17 avril 1559. Par acte du 14 août 1563, il acquit de Noble André de Varembon, Ecuyer, la seigneurie de la Thuilerie-de-Torcieu dont il disposa par testament daté du 2 juillet 1564. Il avoit épousé par contrat passé le 15 juillet 1550, Haute et Puissante Damoiselle ANNE DE LYOBARD, fille de H. et P. Seigneur Claude de Lyobard, Chevalier, Seigneur du Chastellard, de la Motte-Lyobard et de la Pallu, Gentilhomme de la Chambre et premier Pannetier du Roi François Ier, Chevalier de son ordre et Capitaine de cinquante arquebusiers de ses ordonnances; et de H. et P. Dame ISABELLE DE VINTIMILLE-LASCARIS, son épouse, laquelle étoit issue de Léonor des Comtes de Vinti-

DE LYOBARD.

Ecartelé, au 1er et 4, d'or au lion léopardé de gueules qui est de *Lyobard*; au 2 et 3, de pourpre à l'aigle impérial d'or, qui est de *Lascaris* pour l'empire d'Orient; contre-écartelé de gueules à la croix d'or, cantonnée de quatre β d'or, qui est de *Lascaris*, pour l'empire de Constantinople, et de gueules au chef d'or à la merlette de sable, qui est de *Vintimille-Châteauneuf*.

—

mille, Chevalier, Vicomte de Châteauneuf, et de CATHERINE LASCARIS des Empereurs d'Orient. Ladite Dame de Lucinge ayant pour frère aîné Hercule René de Lyobard, Baron de Bréon et Grand Chancelier de Savoye en 1580. Charles Seigneur des Alymes testa le 2 juillet 1564, et sa femme Anne de Lyobard le 31 mai 1574. Ils avoient eu les enfans qui suivent :

1° RENÉ DE FAUCIGNY-LUCINGE I du nom, surnommé *le Docte*, qualifié Haut et Puissant Seigneur, Chevalier, Seigneur et Baron des Alymes, de Montrosat, de Luysandre, de Samoëns en Faucigny, de Lucinge en Bresse, de Chasteaublanc, de Wallon, de Montuerd, de la Thuilerie-de-Torcieu, des Marches-sur-Isère, de Montdragon, Mirbel et autres lieux, Grand Référendaire et Grand Maître de l'hôtel du Duc de Savoye, Chevalier de son ordre, son Conseiller d'Etat, son Ambassadeur ordinaire auprès du Roi de France Henri IV, etc. En 1572 il avoit été combattre les Turcs avec Charles de Lorraine Duc de Mayenne, assisté de trois cents Gentilshommes français, piémontais et bressans. En 1582, à l'âge de trente-un ans, il étoit ambassadeur auprès du Roi de France et de Pologne Henri III. Ce fut lui qui négocia le traité d'échange pour les provinces de Bresse et de Bugey, contre le Marquisat de Saluces, entre le Roi de France Henri IV et le Duc de Savoye Charles Emmanuel. Plus tard, il signa la paix de Lyon dont tous les actes sont rapportés par Guichenon, vol. II depuis la page 543 jusqu'à la page 552 de son histoire de Savoye. Quelques motifs politiques ayant porté le Duc Charles-Emmanuel à paroître désapprouver le même traité, quoiqu'il eût été conclu par la médiation du Cardinal Aldobrandin, Légat et neveu du Pape Clément VIII, par celle du Comte de Fuentès, Ambassadeur de Philippe III, Roi d'Espagne, et qu'il fût déjà signé par le Chancelier de Sillery, le Comte d'Arconas, le Président Jeannin, ainsi que par le même Grand Maître de Lucinge, Plénipotentiaires de France et de Savoye; le Duc feignit de vouloir désavouer son Ambassadeur, en lui faisant redemander, par le sieur d'Albigny, ses instructions, ses pouvoirs et particulièrement ses *lettres closes*. René de Lucinge répondit sévèrement à d'Albigny que *présentement il garderoit ses instructions, et qu'à l'avenir il se garderoit du Duc de Savoye*. Il écrivit ensuite à ce prince une apologie de sa conduite avec celle du traité de Lyon, et l'on y voit notamment que par sa dernière lettre, datée du 8 janvier, Charles Emmanuel avoit *ordonné qu'on signât la paix*. (Guichenon cite le même ouvrage, et paroît y avoir pris mot pour mot tout ce qu'il a dit au sujet des mêmes négociations. V. hist. de Sav., vol. Ier, p. 784 et suiv.) « Je ne sauroye ad» vouer que ce que j'ay pu conclusre et signer, soit non proficta» ble ou déshonorable à la couronne de Savoye, disoit le Grand » Maître. D'abord, si le Roy de France a reculé ses frontières et » delisvré Lyon de ce joug estrange imposé par votre citadelle de » Bourg sur ceste grande ville? En recompense, il s'est fermé » les portes de l'Italie, en y perdant la puyssance d'y assister ses » alliés, et d'y soustenir vos ennemis. S'il agrandist la France? » Vous augmentez, vous delisvrez et vous asseurez l'Italie; et si » vous sacrifiez l'extresmité de vos Estats? c'est pour en fortifier » le cœur. Si S. M. s'y trouve un advantage en y gasgnant quel» ques lieues de terrain, on a jugé que V. A. y gasgnoist bien » aultrement en bonnes et fortes villes. Ainsy, la France y de» vra chercher son profict à la toise, et le vostre s'y trouve au » poids. Le sieur de Lesdiguières en a dict à chascun que le » Roy son maistre avoist faict sa paix comme un Duc, et vous » la paix comme un Roy. Enfin, le sujeci de la guerre estant la » possession du Marquisat de Saluces, et ladicte possession res» tant en définitive à V. A. au moyen d'iceluy traicté, la France » y peust trouver quelque satisfaction, mais la gloire en reste à » la Savoye. » Charles Emmanuel eut l'air de s'apaiser par les sollicitations du Pape et du Roi catholique ; il ratifia la paix signée par ses plénipotentiaires, et l'on voit qu'ensuite il avoit élu *Son Cousin le Grand Maistre de Savoye*, pour aller recevoir et prendre possession de toutes les villes et forteresses restituées à la Savoye en vertu du même traité que le Grand Maître avoit conclu. Après avoir opéré la remise de Saint-Genis, la dernière place forte appartenante à la Savoye qui fût tenue par les troupes françoises, il écrivit au Duc Charles Emmanuel qu'il avoit rempli ses dernières missions avec *ses diligence et fidélité accoustumées* ; « toutefois qu'il abandonnoit son service » et l'ancienne patrie de ses ayeux, pour aller vivre en ses » terres au royaume de France, à l'abri d'un sceptre équitable » aux gens d'honneur, et sous la protection d'une famille de » Rois justement nommés très-chrétiens. » L'historien de la maison de Savoye dit, à propos de cette lettre *d'adieu*, qu'elle étoit *écrite d'un style qui ne sentoit point le sujet, et qu'elle fit perdre les bonnes grâces du Duc à cet homme illustre qui les avoit autrefois si absolument possédées, bien que sa fortune n'eut jamais été telle que sa naissance et ses mérites pouvoient le faire espérer.* (V. Guichenon, Hist. de Bresse, IIème partie, p. 140, et hist. de Savoye, vol. I, p. 784.) On a publié plusieurs lettres adressées par Henry IV au même Seigneur des Alymes ; les premières sont relatives aux affaires de France et de Savoye pendant les négociations qui précédèrent la paix de Lyon, et le Roi de France y donne toujours à René de Faucigny-Lucinge le titre de *Son Cousin* : les autres, écrites après la réunion du pays de Bresse à la couronne de France, sont tout-à-fait confidentielles, et rien ne sauroit être plus honorable à la mémoire de ce grand Négociateur, que les expressions de l'amitié, de la confiance et de la vénération qu'il avoit inspirées à son nouveau Souverain. Il avoit reçu de Louis XIII un brevet pour l'ordre du Saint-Esprit, daté du 20 mai 1612, mais il mourut le 17 juin suivant, n'ayant pas eu le temps d'adresser aux commissaires du Roi les preuves de noblesse exigées par les statuts de l'ordre. On voit par une note manuscrite et marginale de René de Lucinge qu'il *siegeoist en ses chasteaux de Bresse* et n'alloit plus *Oultre-Rhosne* depuis qu'il étoit *en amerteume et ruptusre avec Monsieur de Savoye*; on y voit aussi que tous ses papiers et titres de famille étoient conservés au trésor de N. D. du Reposoir en Faucigny. Il a laissé plusieurs ouvrages, imprimés à Paris, à Lyon et à Chambéry, dont les principaux sont intitulés: *Considérations sur la puissance de l'Empire Turquesque*; *Mémoyres de la négotiation de la paix de Lyon*; *Rerum penè toto orbe gestarum Epitome*, *anno* 1572 *usque ad annum* 1585; *Traité touchant le mespris du monde*; *Les Mémoires de la Ligue par Dialogues d'un François et d'un Savoyard*, ouvrage remarquable, et de qui les auteurs de la Satire Mœnippée semblent avoir emprunté plusieurs de leurs traits les plus piquans. Enfin le dernier ouvrage du Seigneur des Alymes a pour titre: *Rerum toto orbe gestarum Commentarii*, et l'on y trouve autant de savoir et de sûreté dans les jugemens que de finesse dans les observations. Il avoit épousé H. et P. Damoiselle Françoise DE MONTROSAT, héritière de sa maison. Entre autres enfans, il étoit provenu de ce mariage Emmanuel de Faucigny-Lucinge, Comte du Saint Empire Romain, Baron des Alymes, etc., qui fut député par la noblesse des provinces de Bresse et de Bugey, pour aller féliciter le Roi de France Henri IV, au sujet de son entrée dans Paris en l'année 1594. Il avoit fait alliance avec T. N. Damoiselle Catherine DU PUY-DE-MARTEL, dont il n'eut qu'une fille, appelée Françoise de Faucigny-Lucinge, marié à H. et P. Seigneur Pierre de MONTFORT, Sire de Montfort en Savoye, Baron du Crest en Genevois, Seigneur de Myonnas, d'Hoblast et autres lieux. Ledit Emmanuel étoit inhumé dans son église de Montrosat, où sa veuve et sa fille lui firent élever un mausolée, dont on rapportera les inscriptions à l'appendix du présent ouvrage. On y renvoye également pour plusieurs autres documens relatifs à René son père.

DE MONTROSAT. Tranché, taillé, aux 1er et 4 d'argent à la rose de gueules, aux 2 et 3 de sable au sénestrochère armé d'or.

2° Jean de Faucigny-Lucinge, qui continuera la filiation.

3° Emmanuel II de Faucigny-Lucinge, dit le Commandeur des Alymes, qualifié Religieux Frère et Spectable Seigneur, Chevalier-Profès et Commandeur de l'ordre de Saint-Jean de Jérusalem, Commandeur et Seigneur de Sainte-Anne, Commandeur et Châtelain des Echelles de Savoye, Seigneur de la Thuilerie-de-Torcieu, de Trans-en-Entremonts, de Brœuil-sur-Isère et de Marcilly, Gouverneur des ville et citadelle de Montmellian, Cheftaine de cent lances des ordonnances de Savoye, etc. Il est nommé parmi les assaillans au tournoi de Carignan, à la fin de l'année 1576. En 1577 et 1579, il fut un des seconds, tenant pour Don Philippe de Savoye dans ses trois rencontres avec le Sire de Créquy. « Le subject de ces fameux » duels, dit le Grand Maître de Lucinge, estoit que Crequy, » gendre de Lesdiguières, avoist prestendeu posséder une es- » charpe que D. Phelippes auroist perdue à l'attaque de la trans- » chée (aultant qu'il m'en sous vient) devant Myolants; et » pour ne pouvoir endusrer ceste hasblerie, le fit desfier par » mon jeune frère le Commandeur des Alymes, lequel estoit pour » lors un aultre fol aussy poinctilleux et cresté que le pouvoyent » estre le Savoyard ou le Crequy. S'estant doncques rejoincts » entre Guyesres et Grenoble, ils se battirent, et D. Phelippes » y fust blessé. Comme on avoist redict à Monsieur de Savoye » que Crequy se vantoist pour lors d'avoir veu du sang de Sa- » voye et d'avoir à soy l'espée de D. Phelippes, que des Aly- » mes avoist oubliée sur la place, voilà que le Duc fist dire à » son frère qu'il ne le voudroit voir jamais qu'il n'eut chastié » l'insolence du dict Crequy. Ains, à vray dire, il a tousjours » desploré sa mort, et pour ce que mon frère estoit son plus » cher amy, l'a tousjours traicté comme il auroist faitct un » vray fils de Savoye, luy conférant bénéfices de l'ordre avec » privaultés, pensions et capitaineries à la bienséance et vo- » lonté de ce brave garçon. » Guichenon s'est trompé dans son histoire de Bresse, en confondant Emmanuel avec René, Grand-Maître de Savoye, son frère aîné, qu'il y donne pour second au même Don Philippe. Il cite Emmanuel II comme ayant suivi le Duc de Savoye, pendant son voyage en France en 1599; et de plus ledit Emmanuel se trouve nommé dans le testament de Charles III son père, qui lui légue la Seigneurie de la Thuilerie-de-Torcieu.

4° GEORGE DE FAUCIGNY, dit le Grand-Prieur de Lucinge, qualifié Révérendissime et Illustrissime Seigneur, Chevalier-Profès et Grand Prieur de l'ordre militaire et hospitalier de Saint-Jean-de-Jérusalem de Malte, Bailly de la Morée, Ambassadeur de l'Eminentissime Grand Maître auprès de la Sérénissime République de Venise, Général des galères de la religion, Commandeur de Genevois, etc., *Personnage de gravité singulière et de grande autorité*, remarque Thuanus; il est cité parmi les grands Seigneurs qui accompagnèrent le Duc Charles Emmanuel en son voyage à Paris en 1599. Au commencement du XVIIe siècle il prit les ordres sacrés, et mourut en 1629 Archevêque de Nicosie, Evêque et Comte de Nola, Abbé, Vicomte, Prieur et Seigneur la Val Sainte; ayant testé le 18 janvier de l'année précédente, et légué tous ses biens pour la rédemption des chrétiens captifs. (Voyez l'appendix au sujet du même Georges de Lucinge.)

5° CLAUDE DE FAUCIGNY-LUCINGE, Haut-Doyen de l'Abbaye d'Ambronuay, Seigneur d'Anglures, etc.

18e DEGRÉ.

JEAN FRANÇOIS DE FAUCIGNY-LUCINGE V du nom, surnommé *le Chasseur*, Baron de Viry, Seigneur de Gy et de la Mothe-Gérès, Grand Louvetier de Bourgogne et de Bresse, lequel étoit le second fils de Charles III, Baron des Alymes et d'Anne de Lyobard. C'étoit lui qui commandoit les troupes du duché de Savoye, dans l'armée que le Duc Charles Emmanuel envoya contre le canton de Berne en 1582, comme il est rapporté dans l'Histoire de Bresse de Guichenon, Ire partie, page 108. En 1583, il fut député par les états de Piémont pendant la maladie du même prince, afin d'engager Saint Charles Borromée, Archevêque de Milan, à venir « visiter, bénir et toucher iceluy Duc, à la grande supplica- » tion de ses pausvres subjects, et le sainct personnage en adve- » nant à Vercelle lui fist aussitost recouvrir la sancté. » Jean V avoit épousé, le 9 août 1581, Très Noble Damoiselle Barbe de GÉRÈS, fille aînée et principale héritière de Messire Philibert de Gérès, Ecuyer, Seigneur de la Mothe-Gérès, et de T. N. Dame Angélique de BELLEGARDE, Dame de Buffavant en Faucigny. Ladite seigneurie de la Mothe-Gérès, autrefois nommée la Mothe-Odouard, étoit provenue du prince Edouard de Savoye, Seigneur de Beaugé, lequel avoit bâti le même château de la Mothe en 1298; mais Guichenon s'est trompé dans son Histoire de Bresse au sujet du rachat de ce fief, attendu que Philibert de Gérès en avoit retiré la seigneurie par droit de retrait linéager, et comme étant descendu du même prince Edouard de Savoye au VIe degré de filiation maternelle. Jean V testa le 21 mai 1617, et mourut avant Charles III son père, ayant eu pour enfans:

1° Jean de Faucigny-Lucinge VI du nom, qualifié Haut et Puissant Seigneur, Chevalier, Comte de Lucinge et Prince du Saint Empire Romain, Baron des Alymes et de Montclar, Seigneur de Samoëns, Varans, Buffavant, la Balme, Saint-Maurice, Anthoing, Saint Pierre de Rumilly et autres lieux,

Grand Sénéchal du Duc de Savoye, Roi de Jérusalem et de Chypre, Chevalier de l'ordre suprême de l'Annonciade et de la religion sacrée des SS. Maurice et Lazare de Savoye, etc. Il avoit hérité des titres de Comte de Lucinge et Prince du S.E.R. après la mort de Philibert, son grand oncle paternel, lequel étoit le fils unique d'Amblard, Comte de Lucinge, frère aîné de Charles III, Baron des Alymes, aïeul paternel du même Jean VI. Il avoit épousé premièrement Isabelle de ROVORÉE DE MONTBURON, dont il n'eut qu'un fils que l'on croit mort en bas âge, et secondement Charlotte d'ORNANO, Princesse de Cystria. Ce fut la postérité du même Jean VI qui forma la branche aînée dont les Seigneurs Princes de Lucinge et de Cystria, et le Seigneur Marquis de Lucinge, Chevalier de l'Annonciade et Gouverneur de Turin, ont été les derniers mâles.

DE GÉRES. De gueules au griffon d'argent, au chef cousu d'azur chargé de trois étoiles d'or.

2° RENÉ DE FAUCIGNY-LUCINGE II du nom, dont l'article suit :

19e DEGRÉ.

RENÉ DE FAUCIGNY-LUCINGE II du nom, qualifié Haut et Puissant Seigneur, Chevalier, Seigneur et Vicomte de Lompnes, Seigneur et Baron des Alymes, de la Mothe-Lucinge, de la Thuilerie-de-Torcieu, de Luysandre, des Marches-sur-Isère et autres lieux, Chevalier de l'ordre royal et religion sacrée des SS. Maurice et Lazare de Savoye, Syndic et Président de l'ordre de la Noblesse aux états de la province de Bresse, etc.; ce fut lui qui forma la branche cadette établie au même comté de Bresse et aujourd'hui la seule existante. Par actes d'aveu, datés des 16 et 27 avril 1613, il prêta foi et hommage au Roi Louis XIII, à titre de Vicomte de Lompnes et de Baron des Alymes au pays de Bugey. Le même Vicomté de Lompnes étoit un fief de Haubert, relevant sans moyens de la couronne de Savoye et provenant du domaine de cette maison royale. Il avoit été légué par Pierre-le-Charlemagne, mari d'Agnès de Faucigny, aux enfans de son frère Thomas de Savoye, Comte de Flandres, et fut porté par Aliénor de Savoye, fille du même Thomas, à son mari Louis de Beaujeu, Sire de Beaujollois et Prince de Dombes. De la maison de Beaujeu, le Vicomté de Lompnes étoit passé dans celle de Bonnivard, et delà dans la branche de Lucinge à la fin du XVIe siècle; il est aujourd'hui possédé par la maison d'Angeville, alliée de celle de Faucigny, par le mariage de Robert d'Angeville, Ecuyer du corps de Louis, duc de Savoye, avec Jacquemine de Lucinge d'Aranthon, fille de Jean, coseigneur de Lucinge, et de Louise de Menthon, des Comtes de Montrostier. Ce fut le même René de Lucinge, qui fit rétablir le manoir et les fortifications du château de Lompnes en 1586, et non pas Urbain de Bonnivard, Évêque de Verceil, ainsi que l'avoit marqué Guichenon, dans son histoire de Bresse et de Bugey, à l'article de ladite seigneurie. René II étoit né le 6 juin 1582. Il épousa, par contrat du 30 mai 1609, Haute et Puissante Damoiselle Honorate de GALLES, fille de H. et P. Seigneur Laurent de Galles, Chevalier, Seigneur de Mestral et d'Urrières, Gentilhomme de la chambre du Roi, Chevalier de son ordre, et Capitaine de cent hommes d'armes de ses ordonnances, et de H. et P. Dame Anne de LATTIER, Dame d'Urrières en Dauphiné. Ils eurent pour enfans :

DE GALLES. D'argent semé de billettes de sable, au lion du dernier brochant sur le tout.

1° François de Faucigny-Lucinge III du nom, Vicomte de Lompnes, mort sans alliance en 1645, à Saint-Jean-de-Losne, à la suite des blesssures qu'il avoit reçues à la bataille de Noordlingen.

2° LOUIS IV DE FAUCIGNY-LUCINGE, qui continue la filiation.

3° ANNE DE FAUCIGNY-LUCINGE, femme de Haut et Puissant Seigneur Claude de ROCHEFORT D'ALLY, Chevalier, Baron de Cénérest en Gévaudan, Seigneur d'Ally, de Saint-Poinct, de Montferrand et de Saint-Chesly, Gouverneur de Saint-Jean-de-Losne, etc.

20e DEGRÉ. LOUIS DE FAUCIGNY-LUCINGE IV du nom, qualifié Haut et Puissant Seigneur, Chevalier, Vicomte de Lompnes, Baron des Alymes, Seigneur de la Mothe-Lucinge, de Luysandre, de Montberthold et autres lieux; Maréchal des batailles, armées et camps du Roi Très-Chrétien, Chevalier de l'ordre royal et religion sacrée des SS. Maurice et Lazare de Savoye, Grand-Croix de l'ordre royal et militaire de Saint-Louis, etc. Étant lieutenant dans la compagnie de François, Vicomte de Lompnes, son frère, il eut le bras gauche cassé d'un coup de mousquet à la bataille de Noordlingen, et le 8 février 1646 il eut le bras droit emporté d'un coup de canon au siége de Dunkerque, étant alors Capitaine au régiment de Conty. Par brevet du 20 janvier 1656 il fut pourvu d'une compagnie au régiment royal infanterie, sous le commandement du Seigneur de Rochefort d'Ally, son beau-frère, auquel il avoit succédé comme colonel du même régiment.

Louis XIV ayant convoqué en 1675 le ban et l'arrière-ban de sa noblesse de France, Louis, Vicomte de Lompnes, fut choisi par le Roi pour commander la noblesse des provinces de Bresse, de Bugey et de Gex, sous les ordres du Prince de Condé et du Maréchal de Rochefort. Par brevet des 6 novembre 1675, des 29 mars et 22 septembre 1679 et 1702, il avoit été créé Brigadier, Maréchal de Camp, Commandeur et Grand-Croix de l'ordre de Saint-Louis. Le plus renommé, le plus exact et le plus éclairé de tous les généalogistes connus, c'est-à-dire le Père Anselme, établit en son ouvrage, intitulé *des Diverses Espèces de Preuves de Noblesse*, que la maison de Louis de Lucinge, Vicomte de Lompnes, est descendue en ligne directe, masculine et légitime des anciens Souverains du Faucigny, en disant que Rodolphe *l'Allemand*, Seigneur de Lucinge, et frère cadet d'un de ces princes, avoit adopté le nom de la seigneurie qu'il avoit reçue en apanage, « ainsi que le font encore aujourd'hui » les filz puynés de nos Roys. » Par certificat du 26 juillet 1670, en présence de M. Bouchut, Maître des requêtes, Intendant de Bourgogne, etc., il est dressé procès-verbal de tous les titres servant à prouver la filiation de la branche de Lucinge, depuis le même Louis IV jusqu'à Jean III, Sire de Lucinge, son sixième aïeul, le surplus des preuves filiatives étant conservé au trésor de la chartreuse de Notre-Dame du Reposoir en Faucigny. Le même Louis de Faucigny-Lucinge mourut âgé de 77 ans, en son château de la Mothe-Lucinge en Bresse, le 10 septembre 1706. Il avoit épousé, par contrat passé le 19 octobre 1666, Haute et Puissante Damoiselle LAURE de GUESTON DE CHASTEAUVIEULX, fille de Messire Barthélemy de

DE GUESTON-CHASTEAUVIEULX.
Ecartelé aux 1er et 4 d'azur aux trois mâcles d'argent, aux 2 et 3 d'or au château de sable, sommé de 3 tours, ajourées d'azur.

—

Gueston, Chevalier, Comte de Chasteauvieulx, etc., et de H. et P. Dame Jeanne-Marie Pellost, laquelle étoit fille de Messire Louis Pellost, Chevalier, Marquis d'Orville et premier Président du Parlement de Normandie. Du mariage de Louis de Faucigny-Lucinge et de Laure de Chasteauvieulx, furent issus les enfans qui suivent :

1° JOSEPH POMPONE DE FAUCIGNY-LUCINGE, dont l'article suit.

2° JOACHIM MAURICE AMÉDÉE DE FAUCIGNY-LUCINGE, Abbé commandataire de Notre-Dame-la-Grande, et Vicaire-Général du diocèse de Poitiers, Évêque élu de Mâcon, et mort en 1722, avant d'avoir pu prendre possession de son siége.

3° LAURENT MARIE DE FAUCIGNY-LUCINGE, Baron de Luysandre, Chevalier de l'ordre royal et militaire de Saint-Louis à la création dudit ordre, Lieutenant Colonel du régiment d'Albret, tué d'un coup de canon à la bataille de Hochstedt en 1704.

4° JEAN BAPTISTE ALEXANDRE DE FAUCIGNY-LUCINGE VII du nom, Baron des Alymes, Commandeur des ordres militaires et hospitaliers de Notre-Dame du Mont-Carmel et Saint-Lazare, de Jérusalem, Nazareth et Bethléem, Prieur et Seigneur de Noyers-le-Vicomte, etc.

5° JEANNE MARIE DE FAUCIGNY-LUCINGE, morte en 1725, étant veuve de H. et P. Seigneur Messire Claude de SEYTURIER des Comtes de BEOST, Chevalier, Baron de Chastancy, Seigneur de Pélasgey, de Ramsey, de Monfort, de Marmont et autres lieux.

6° Anne Louise de Faucigny-Lucinge, femme de T. N. Seigneur Messire Claude-Joseph de Branges, Chevalier, Seigneur de Bourciat et de La Boëissière au comté de Bourgogne.

21° degré. JOSEPH POMPONE de FAUCIGNY-LUCINGE, qualifié Très-Haut et Puissant Seigneur, Chevalier, Marquis de Lucinge en Faucigny, Comte de Lucinge en Bresse, et du Saint Empire Romain, Vicomte de Montberthold, Baron de Bourg-Saint-Christophe, Seigneur de la Mothe-Lucinge et de Cuisya, Chevalier de l'ordre royal et religion sacrée des Saints Maurice et Lazarre de Savoye, Président-Syndic-Général de la Noblesse de Bresse, etc., etc. Il fut élevé Page du Duc de Savoye Victor-Amédée, et devint le chef de son rameau puîné de Lucinge par la mort du Seigneur Marquis de Lucinge, Chevalier de l'ordre suprême de l'Annonciade, et Gouverneur de la cité royale de Turin, ci-dessus mentionné. Par contrat du 25 novembre 1697, il avoit épousé Très Noble Damoiselle Claudine de LA CROSE, fille de Messire Etienne de la Croze, Chevalier, Baron de Bourg-Saint-Christophe et Châtelain d'Avermont, laquelle étoit morte sans postérité en 1716, après avoir testé le 27 juillet 1708 en faveur de son mari. Par contrat du 22 juillet 1717, il épousa en secondes noces Haute et Puissante Damoiselle Magdeleine de BOISSE-MURAT, fille de Messire Christophe de Boisse de Murat, Chevalier, Baron de Saint-Nectaire, Brigadier des armées du Roi, etc., et de H. et P.

de LA CROSE de BOURG-SAINT-CHRISTOPHE.
Parti de 2 traits, au 1er d'azur au chevron d'or, accompagné de 3 fleurs de lis d'argent, qui est de la *Crose*. Au 2, de gueules à l'étoile de XVI rais d'argent, qui est de *Baux-d'Orange et Tarente*. Au 3, d'or à 3 bandes d'azur, écartelé de gueules au lion d'argent touchant à dextre un canton d'hermines, qui est d'*Adhémar de Monteil de Grignan*.

—

de BOISSE-MURAT
D'azur aux 4 losanges d'hermines posées en fasce.

—

Dame CATHERINE de LESCOYL DE ROGERMONTS, son épouse. Après avoir été pendant trente ans le Président de son ordre aux Etats de la province de Bresse, il s'en démit dans une assemblée générale de la noblesse à Bourg en 1743, à cause de son âge et de ses infirmités. Du second mariage de Joseph Pompone Marquis de Lucinge il est issu le fils unique qui suit.

22e DEGRÉ.

LOUIS JOSEPH CHRISTOPHE DE FAUCIGNY-LUCINGE, V du nom, qualifié Très Haut et Puissant Seigneur, Chevalier, Marquis et Comte de Lucinge et du Saint Empire Romain, Vicomte de Montberthold, Baron de Bourg-Saint-Christophe, Seigneur et Châtelain de la Mothe-Lucinge et de Cuisya, Chevalier de l'ordre royal et religion sacrée des S.S. Maurice et Lazare de Savoye, Président-Syndic-Général de la Noblesse aux Etats de la province de Bresse, etc., etc., naquit le 4 août 1731. Il épousa, par contrat passé au château de Coligny le 4 avril 1752, Très Haute et Puissante Damoiselle ÉLÉONORE CHARLOTTE DE SANDERSLEEBEN-COLIGNY-CHASTILLON, fille de Messire Charles Léopold Comte de Sandersleeben et du Saint Empire Romain, Marquis de Coligny-le-Vieux, de Chastillon, d'Andelot et de Saligny, Comte de Coligny-le-Neuf et de Dannemarie, Vidame de Belley, Baron de Beauponts, Premier Baron de Bugey, Baron de Royssiat, de Lanty-le-Vicomte, de Chévignast et du Saint Empire Romain, Seigneur et Châtelain Haut-Jus-

DE SANDERS-LEEBEN.
Ecartelé aux 1er et 4 d'azur au soc d'or, qui de *Sandersleeben*; aux 2 et 3, de gueules à l'aigle éployé d'argent, couronné d'or, qui est de *Coligny-Chastillon*, sur le tout d'or à l'aigle impérial de sable, allumé, becqué, membré, couronné de gueules, qui est des immédiats d'*empire*.

ticier de Goulx, de Séloncourt et de Rhynfeld en Alsace, Seigneur et Patron de Varans au Comté de Bourgogne, etc., et de Très Haute et Puissante Princesse LÉOPOLDINE de WURTEMBERG, son épouse. Ladite Éléonore de Sandersleeben se trouvoit l'héritière de la maison de Coligny, par Anne de Coligny, sa bisaïeule, sœur de Gaspard III, dernier Duc de Chastillon, comme on va l'exposer dans le paragraphe suivant.

Gaspard II Duc de Coligny et de Chastillon, Pair et Maréchal de France, héritier de Gaspard de Coligny, Sire de Chastillon, Amiral de France, et de Guy de Coligny XX du nom, Comte de Laval, de Montfort, de Quintin, d'Aumale et de Harcourt, Baron de Vitré, Premier Baron de Bretagne, Vicomte de Rennes et Sire de Rieux, n'avoit point laissé d'autre postérité que celle de sa fille, Anne de Coligny-Chastillon, femme du Prince Georges de Wurtemberg, Souverain Duc de Montbelliard, lequel étoit fils puîné de Louis Frédéric Duc régnant de Wurtemberg et d'Anne Eléonore de Nassau, Comtesse de Saarrebruck, sa seconde femme. La fille aîné du Duc de Montbelliard, Léopoldine de Wurtemberg, épousa Charles Comte de Sandersleeben, et lui porta tous les biens allodiaux de la maison de Coligny, dont elle avoit hérité du chef de ladite Anne de Coligny-Chastillon sa grand'mère paternelle. Charles Comte de Sandersleeben et Léopoldine de Wurtemberg eurent pour fille aînée Eléonore de Sandersleeben, héritière de Coligny, laquelle épousa, comme on l'a dit, en 1752, Louis Joseph Marquis de Faucigny-Lucinge, et transmit à leurs enfans le même héritage, à la charge d'ajouter à leurs noms et armes et de faire porter à tous leurs descendans les noms et armes de Coligny-Chastillon.

Par le traité conclu en 1748 entre le Roi Louis XV et la maison régnante de Wurtemberg, sous la médiation de l'Empereur François de Lorraine, au sujet de la succession du dernier Duc souverain de Montbelliard, le Roi de France accorda que tous les biens, terres nobles ou seigneuries qualifiées, provenant de la maison de Coligny et situés en France, fussent dévolus à la Comtesse de Sandersleeben, héritière des Ducs de Chastillon, ainsi qu'à ses *descendans masculins ou féminins;* l'Empereur ayant stipulé que tous les hoirs mâles et féminins de ladite Comtesse eussent à jouir paisiblement des titres du Saint Empire Romain qui leur sont assurés par le même traité. En restituant au Duc de Wurtemberg les fiefs saliques, provenant de la succession du Duc de Montbelliard, le Roi retenoit les revenus de la totalité des biens que la France avoit séquestrés et perçus durant vingt-cinq ans, et le Duc de Wurtemberg en fait l'abandon au Roi de France sous la promesse que lui fait S. M. *de pourvoir à la subsistance et l'établissement des enfans et descendans du dernier Duc de Montbelliard, et de garantir le Duc de Wurtemberg de toutes les poursuites qu'ils pourroient former contre lui, tant pour le passé que pour l'avenir.* C'est en exécution de ces clauses du traité que Léopoldine de Wurtemberg, Comtesse de Sandersleeben, fut mise en possession du Marquisat de Coligny-le-Vieux (la Duché-Pairie s'y trouvant éteinte à défaut d'hoirs mâles), du Comté de Coligny-le-Neuf, des Baronnies de Beauponts, de Chévignast et de Royssiat, des Châtelainies et Hautes-justices de

Rhynfeld, de Goulx, de Séloncourt et autres seigneuries provenant de la maison de Coligny. C'est encore en exécution de la dernière clause que la même Comtesse de Sandersleeben avoit obtenu du Roi de France plusieurs pensions et rentes reversibles à ses héritiers, ainsi qu'il appert des lettres patentes et d'un arrêt du conseil en date du 11 mai 1750. Louis-Joseph Marquis de Lucinge eut de son mariage avec Eléonore de Sandersleeben,

1° Louis VI du nom qui continue la postérité.

2° Louise Charlotte de Faucigny, Lucinge et Coligny, Comtesse du Saint Empire Romain, épouse de H. et P. Seigneur Louis Gaspard Vicomte de Seyturier des Comtes de Beost; duquel mariage il est issu pour fille unique Antoinette-Joséphine de Seyturier, Comtesse du Saint Empire Romain et Chanoinesse du Chapitre Royal de Munich.

23e degré. LOUIS CHARLES AMÉDÉE de FAUCIGNY, LUCINGE et COLIGNY IVe du nom, qualifié Très Haut et Très Puissant Seigneur, Chevalier, Marquis et Comte de Faucigny-Lucinge et de Coligny-Chastillon, Comte du Saint Empire Romain, Vicomte de Montberthold et Vidame de Belley, Baron de Beauponts, Premier Baron de Bugey, Baron de Royssiat, de Chévignast et du Saint Empire Romain, Seigneur et Châtelain de la Mothe-Lucinge, de Cuisya, de la Tour-lez-Coligny, Rhynfeld, Goulx, Séloncourt et autres lieux, Chevalier de l'ordre royal et religion sacrée des Saints Maurice et Lazare de Savoye, de l'ordre royal et militaire de Saint-Louis, etc., etc., naquit au château de la Mothe-Lucinge le 25 août 1755, épousa, par contrat passé le 20 février 1781, au château de Coligny, JUDITH-PAULINE BERNARD DE SASSENAY, qualifiée Haute et Puissante Dame, Chanoinesse-Comtesse du Très Noble Chapitre d'Alix en Beaujolais, et depuis Dame de Madame Victoire de France, tante du Roi; laquelle Dame Comtesse de Faucigny-Lucinge étoit fille de H. et P. Seigneur Messire François Bernard de Sassenay, Chevalier, Vicomte de Châlons-sur-Saône et de Sassenay, Baron du Tartres, Conseiller du Roi en tous ses conseils, Président-à-Mortier en sa cour du Parlement de Bourgogne, etc., et de H. et P. Dame HENRIETTE FEYDEAU DE BROU son épouse.

DE BERNARD DE SASSENAY.
D'azur à la fasce d'or chargée d'une molette d'éperon de sable, et accompagnée au chef de deux cimeterres d'argent, empoignés, gardés d'or, et posés en sautoir; à l'étendard d'argent, enmanché d'or, en pointe de l'écu.

—

Le chef de la maison de Faucigny, Don Gaëtan Marie Prince de Lucinge et de Cystria, Marquis et Comte de Ronciglione et de San-Marco, Baron de Vidallia, Prince du Saint Empire et Duc Romain, Grand-d'Espagne de la première classe, etc., étant mort sans enfans à Cherasque en Ombrie, le 17 avril 1779, l'héritier de ses titres étoit alors Don Jules Cæsar Pie de Lucinge, Bailly de l'ordre de Malte, Commandeur et Seigneur de Lequila, son frère unique, et le dernier mâle issu de Jean VI du nom; lequel Jean avoit succédé pour les droits primogénitifs au Patriarche Philibert, et lequel Philibert avoit été le fils unique d'Amblard premier Comte de Lucinge. Le Comte Louis-Charles-Amédée se trouvant l'héritier et devant succéder au même titre de Prince, attendu que le titulaire étoit engagé dans les ordres sacrés, voulut établir ses droits à cette qualification d'Empire, accordée par un diplôme et par sept investitures impériales, premièrement à la personne ainsi qu'aux héritiers naturels d'Ardutins de Faucigny, Prince de Genève et Comte de Genevois, et postérieurement aux derniers Comtes de Genevois, Sires de Thoires, extraits de la maison de Faucigny, ainsi qu'à leurs héritiers au même comté. Le Comte de Faucigny-Lucinge établit donc sur titres originaux et par les travaux dûment certifiés du sieur Chérin, historiographe du Roi de France, et du sieur Janse, généalogiste de la cour de Turin, qu'il étoit descendu, par mâles en ligne directe et légitime, de Louis, Souverain Seigneur de Faucigny en l'année 1096, et de sa femme Thetberge, Comtesse de Genevois; lequel Louis étoit le quatrième aïeul de Marguerite de Faucigny, femme de Thomas I du nom, Souverain Comte de Savoye et de Maurienne, ainsi que d'Agnès de Faucigny, femme de Pierre I, Comte de Savoye, Duc de Chablais et Prince de Piémont; desquels sont issus les Ducs de Savoye, Rois de Chypre, de Sardaigne, etc.; le Roi Victor-Amédée de Sardaigne ayant permis audit Seigneur Comte de Lucinge de perpétuer en sa maison les noms et armes de Faucigny, nonobstant la possession, le protocole et les armoiries légitimes des Rois de Sardaigne, Ducs de Savoye, Souverains possesseurs et Seigneurs du pays de Faucigny, et nonobstant la déchéance pouvant résulter de l'omission du même nom de Faucigny par certains ancêtres des Seigneurs Princes, Marquis et Comtes de Lucinge, auteurs de l'ayant-cause. Par exprès mandement de S. M. le Roi de Sardaigne, à la considération de plusieurs alliances directes entre sa maison royale et celle de Faucigny, dont l'héritière avoit apporté cette province aux Ducs de Savoye, la Comtesse de Faucigny-Lucinge eut l'honneur d'être présentée à la cour de France en 1784, *à titre de parenté*, par Marie-Thérèse de Savoye, Princesse du Sang Royal de Sardaigne, veuve de Louis de Bourbon Prince de Lamballe, et Surintendante de la maison de la Reine. Immédiatement après sa présentation, la Comtesse de Faucigny fut attachée à la cour de Mesdames tantes du Roi, en qualité de Dame pour accompagner Madame Victoire de France.

En exécution du traité de 1748 et par arrêt du conseil du 31 mai 1786, le Comte de Faucigny, Lucinge et Coligny obtint une pension du Roi Louis XVI, à titre de fils d'Eléonore de Sandersleeben, de petit-fils de Léopoldine de Wurtemberg, et de principal héritier du dernier Duc souverain de Montbelliard.

Député de la Noblesse et des Etats du pays de Bresse aux derniers Etats-Généraux, le Comte de Faucigny-Lucinge y siégea constamment avec la minorité royaliste. Il y combattit courageusement et jusqu'à la fin pour l'autorité du Roi, les immunités du clergé de France et les priviléges de l'ordre dont il étoit le commettant. Il a signé toutes les protestations du côté droit contre cette foule d'injonctions révolutionnaires appelées *décrets de l'assemblée constituante*, et la publicité de sa noble conduite est manifeste. Aussitôt que la *Constitution* fut proclamée, il alla servir en émigration dans l'armée des Princes, et mourut le 29 décembre 1801, ayant eu de son mariage avec Judith Pauline de Sassenay:

1° ETIENNETTE ZOÉ DE FAUCIGNY, LUCINGE ET COLIGNY, Comtesse du Saint Empire Romain, née le 17 juin 1785, et morte le 19 juin 1823, ayant épousé Gaspard Vicomte de Sassenay, son oncle maternel.

2° FERDINAND VICTOIRE AMÉDÉE, chef des noms et armes, qui suit.

3° GASPARD DE FAUCIGNY, LUCINGE ET COLIGNY, Comte du Saint Empire Romain, Chambellan de S. M. le Roi de Wurtemberg, Chevalier de l'ordre royal et religion sacrée des Saints Maurice et Lazare de Savoye, Chevalier-Croix-d'honneur de première classe de l'ordre royal du mérite militaire de Wurtemberg, Officier Supérieur des gardes-du-corps de S. M. T. C. etc.; né le 8 janvier 1792. Après l'invasion des républicains français dans les Etats de Savoye, la Comtesse de Faucigny s'étoit réfugiée avec ses enfans dans les Etats de Wurtemberg, où le Roi Frédéric Ier les accueillit avec une distinction particulière, les fit élever à sa cour, et les a recueillis jusqu'à l'époque de la restauration des Bourbons. Le Comte Gaspard de Faucigny, alors âgé de vingt-trois ans, servoit en qualité de major dans l'armée wurtembergeoise, d'où il passa au service de France avec le grade correspondant.

24° DEGRÉ. FERDINAND VICTOIRE AMÉDÉE, Marquis et Comte de Faucigny-Lucinge et de Coligny-Chastillon, Prince du Saint Empire Romain, Vidame et Premier Baron de Bugey, Aide-de-camp de Monseigneur le Duc de Bordeaux, Chambellan de S. M. le Roi de Wurtemberg, Chevalier de l'ordre royal et religion sacrée des Saints Maurice et Lazare de Savoye, Chevalier de l'ordre royal et militaire de Saint-Louis, Officier de la Légion-d'Honneur, Chevalier de l'ordre royal du mérite militaire de Wurtemberg, ancien Aide-de-camp de S. A. R. le Prince Paul, frère du Roi, etc., etc., né à Versailles le 8 septembre 1789, ondoyé le même jour, et devant être tenu sur les fonts baptismaux, lorsqu'il auroit atteint l'âge requis, par S. M. le Roi Victor Amédée de Sardaigne et Madame Victoire de France; a passé du service de Wurtemberg au service de France en 1816; devenu Sous-Lieutenant des gardes-du-corps de Monsieur frère du Roi, ensuite Aide-de-camp de Monseigneur le Duc de Bordeaux. Il est devenu Prince de Lucinge, par la mort de Don Jules Cæsar Pie, Bailly de l'ordre de Malte, le dernier de la branche aînée de sa maison, laquelle s'étoit établie dans les états de l'église et de Toscane au commencement du XVIIe siècle, par l'alliance de Charles Prince de Lucinge et de Cystria, fils de Jean VI et de Catherine d'Ornano, avec Constance d'Aquino des Ducs d'Agrigente, Marquise et Comtesse de Ronciglione et de San-Marco, Grande d'Espagne de la première classe, etc. Ferdinand Victoire Amédée a épousé par contrat signé du Roi, de sa famille et des Princes du Sang royal de France, le 8 octobre 1823, Très Haute, Très Puissante et Très Illustre Damoiselle CHARLOTTE MARIE AUGUSTINE, Comtesse d'Issoudun, fille reconnue de Très Haut, Très Puissant et Excellent Prince, Monseigneur Charles Ferdinand de France, Fils de France, Duc de Berry, etc., et de Mistriss Amy Brown, ledit Seigneur et Prince Duc de Berry étant le deuxième fils de Charles X^{e} du nom, Roi de France et de

Navarre, et de Marie-Thérèse de Savoye, fille du Roi Victor Amédée de Sardaigne. Ladite Damoiselle Charlotte Marie Augustine ayant été créée Comtesse d'Issoudun en Berry, par lettres patentes signées du Roi Louis XVIII, avec concession des armes de France ainsi blasonnées et brisées, *d'azur aux trois fleur-de-lis d'or, accompagnant un pairle du même, et posées l'une en chef et les deux autres en pointe de l'écu; le tout abaissé sous un chef d'or chargé de trois fleurs-de-lis d'azur mises en fasce,* et laquelle partition forme les armoiries particulières au Comté d'Issoudun. De ce mariage il est provenu,

---

25e DEGRÉ. CHARLES MARIE DE FAUCIGNY, LUCINGE et COLIGNY, IVe du nom, Prince du Saint Empire Romain, né le 16 août 1824, ayant pour parrain et marraine, le Roi Charles X et Madame, Duchesse Douairière de Berry.

APPENDIX

A LA GÉNÉALOGIE

DE LA MAISON DE FAUCIGNY.

DU PAYS DE FAUCIGNY.

PARMI les peuples gaulois, les *Focuates* ou *Faucunates*, appelés *Faucignii* par Mérula, se trouvent mentionnés dans une inscription citée par Pline, et provenant de l'arc de triomphe d'Aoste, érigé pour Auguste. Le pays habité par ces peuples a porté successivement les noms de *FAUCINIACUM* et *FALCIGNIACUM*, de *FULCINEYS*, de *FOUIXIGNY* et de FAUCIGNY. Ce pays confine à présent vers le nord à celui de Chablais, ainsi qu'à la partie du Genevois restée soumise à la domination de la maison de Savoye, et sa frontière méridionale est celle du comté de Maurienne et du duché d'Aoste; mais il s'étendoit autrefois du lac Léman au grand Saint-Bernard, et depuis les montagnes du Vallais qui bordent le Rhône à l'Orient, jusqu'aux limites des Allobroges ou du pays de Savoye, proprement dit, sur une surface de 1689 milles carrés. En 1584, on évaluoit la population du même pays à 300,000 habitans; il comprenoit alors cent quatre-vingt-six paroisses et huit monatères, seize châteaux-forts, cinq tribunaux de *mandement* en justice criminelle et civile, une cour souveraine séante à Bonneville, avec une autre d'officialité pour les causes ecclésiastiques, matrimoniales ou de clergie. Le territoire du Faucigny avoit été déjà successivement démembré par la réunion de plusieurs de ses districts à la province de Maurienne et à celle de Chablais, pour la facilité des communications ou de l'administration. En outre, le Roi de Sardaigne a cédé au canton de Genève, en 1815, plusieurs communes du Faucigny, frontières du pays de Carouge, avec la plus grande partie de l'ancien mandement de Lucinge, en stipulant certains privilèges en faveur des habitans catholiques. Comme les derniers états de statistique et de recensement n'ont pas encore été publiés depuis la restauration de la maison de Savoye, on ignore aujourd'hui quelles sont les bornes du territoire, et quelle est exactement la population de ce beau pays.

Cette province est coupée par trois rivières, l'Arve, la Dranse et l'Arly qui proviennent des glaciers et des lacs contenus dans son territoire; en outre, les grandes plaines de la Dranse et de l'Arve sont profondément sillonnées par une multitude de ruisseaux, qui portent avec eux la fécondité.

L'ARVE, l'*Orval* ou l'*Arbor* des anciens, prend sa source aux glaciers d'Argentières et de Chamounix dans le Faucigny méridional. Il arrose une longue suite de vallées fertiles; il passe à Cluses, à Bonneville; il reçoit les eaux du lac Benit, et, non loin de Genève, il va perdre son nom dans le Rhône.

L'ARLY tombe des rochers de Mégève; il se précipite sous les arches gothiques de Flumey, et va se jeter dans l'Isère, après avoir entraîné les avalanches et les affluens glacés du mont Sarraval.

La DRANSE descend des Alpes par les deux gorges d'Esser et de Morgène; elle se réunit et vient couler sous un pont gothique de vingt-deux arches, au milieu d'une plaine admirable; et cette rivière achève sa course en mêlant ses eaux paisibles à celles du Léman.

Les principaux affluens de l'Arve sont le GYFFRE, l'ORVAN, le MENOYR, le BORN et le FÔRON, torrens impétueux, destructeurs sauvages, et dont les noms semblent marquer l'âpreté.

La plus ancienne ville de cette contrée est celle de BONNE, que Simter dit être le *Bontas* de l'itinéraire d'Antonin. Quoi qu'il en soit, on a toujours trouvé dans les environs de cette cité romaine un grand nombre d'antiquités lapidaires et numismatiques. FLUMEY, *Flumiacum* et *Falcignaci caput*, étoit florissante au temps de Julien l'apostat. Cette ancienne capitale du haut Faucigny contient les vestiges d'un temple, où l'on a découvert un exergue lapidaire en l'honneur du Dieu *Penninus*, le Jupiter des Alpes et le *Monarque des hauts lieux*. Les restes du temple de Mars, situé à Pascy, auprès de Salanche, furent explorés par le Sénateur Della Chiesa, et par René de Lucinge, Seigneur des Alymes, ainsi qu'il le dit en ses Commentaires, fol. 119 et suiv. Guichenon dans son Histoire de Savoye, vol. 1, pag. 35, nous a conservé deux inscriptions votives du même temple ; enfin vers le milieu du dernier siècle, un villageois faucignerand trouva dans son vignoble une suite d'amphores et de préféricules en bronze, dont le travail et le style des ornemens sembloient appartenir au siècle des Antonins. Le plus grand de ces vases étoit rempli de médailles Impériales et Consulaires, parmi lesquelles il se trouvoit plusieurs sceaux romains, dont une intaille en améthyste d'un beau travail et représentant Gordien-le-Pieux.

Bonneville, en latin *Bonopolis* et *Castrum Bonœvillœ*, capitale actuelle du Faucigny, située sur l'Arve au sud-est de Bonne ; elle étoit déjà close et fortifiée sous le règne de Guillaume I de Faucigny, en 1117. Aymon II de Faucigny présidoit aux jeux d'un tournoi sous les murs de Bonneville en 1224, et François de Faucigny, Sire de Lucinge, y fut assiégé par le Dauphin Hugues en 1329. Le château voisin de cette capitale avoit acquis les surnoms de *Vierge* et du *Bien-Assis* ; on croit qu'il fut édifié par Agnès de Faucigny, Comtesse de Savoye, vers l'an 1267. Cette ville a toujours été la résidence du Juge-Mage, du Garde-des-Sceaux, des Grands Châtelains et autres officiers préposés par le Roi de Sardaigne au gouvernement de la province.

Les autres lieux les plus considérables ou les plus remarquables du Faucigny sont Cluses, jolie ville située sur l'Arve ; Mégève, Saint-Joyre, la Roche, Salanches, Tanninge,

Boege et Thorens ; Saint-Gervais et Chamounix, surtout, si vantés pour leur voisinage et leurs aspects du Mont-Blanc, pour leur proximité des glaciers et la beauté de leurs cascades.

Les antiquités Romaines de Pascy, les donjons féodaux de Bonneville et de Faucigny sur l'Arve, les vénérables restes de l'Abbaye de Sixte, les cloîtres inaccessibles de la Chartreuse du Reposoir, et les créneaux sculptés et blasonnés du *Pré-noble moustier de Meslan;* enfin, les ruines gothiques de Samoëns, d'Aranthon, de Châtillon, de Neuf-Lucinge, de Contamines, etc., couvrent les coteaux charmans, les hautes montagnes et les riantes vallées du Faucigny de leurs débris pittoresques. La tour carrée, construite au dixième siècle par Emerard de Faucigny, Marquis des Alpes, est un monument incomparable; et l'on diroit que cette tour s'élève encore au-dessus des sommités les plus gigantesques, en signe de domination !

ARMOIRIES,

BLASONS, DEVISES ET CRIS-DE-GUERRE

DE LA MAISON DE FAUCIGNY.

FAUCIGNY-FAUCIGNY.

Avant les guerres d'outremer, les Souverains du Faucigny scellaient ou s'armaient, suivant le moine de Sixte, *d'un lion contourné d'argent en champ de sable*, mais il ne subsiste plus dans leur cartulaire ou dans leur pays, aucun monument héraldique antérieur à la même époque des Croisades. La plus ancienne trace de leurs armoiries se voyait autrefois dans l'Église de Châtillon en Faucigny, sur le tombeau de Rodolphe-le-Vaudois, S. Seigneur de Faucigny, de Vallais et de Vaud, lequel étoit né vers l'an 1105 ; tous les reliefs de sculpture y sont intacts, mais ils sont devenus informes, et pour ainsi dire anéantis de vétusté.

Aymon II de Faucigny s'armoit *pallé d'or et de gueules de six pièces*, ainsi qu'il est justifié par l'empreinte de son sceau, qui se voit à trois chartes scellées en 1233, 1250 et 1252. Il porte pour légende : † SIGILLUM AYMONIS DOMINI FUCIGNIACI († Scel d'Aymon Seigneur de Faucigny). L'autre côté du même sceau représente Aymon sur un palefroi, armé de toutes pièces, et tenant l'épée haute à la main. Le plus ancien document sur l'origine de ces armoiries les fait remonter à Rodolphe-le-Vaudois, Seigneur de Faucigny, grand-père d'Aymon. Suivant le moine de Sixte et René Seigneur des Alymes, Rodolphe les avoit prises à son retour de la Palestine en mémoire de trois coups de hache d'armes qu'il avoit reçus d'un Sarrasin *de hault en bas sur le visage, sur le pectoral et sur le bras droict. Icelles pièces de blazon nommées honorables pals ont toutsjours priz origyne de pareils faits d'armes quand elles sont de couleur de sang*, poursuit le noble auteur des commentaires. *Les plus doctes en héraldique ont toutsjours pensé qu'en signifyance et par soubvenir de barrières forcées et leurs pals arrachés, lesdites pièces ne paroissoient dans les escus que soubs les couleurs de jausne, de blanc ou de noyr. Par ainsy, les pals de gueules sont en plus grande estime que non pas les autres. Je m'en puys asseurer de plus sur le dire de Maistre Bonnes-Nouvelles, lequel est véritablement le roy des héraults d'armes, et comme il ne sauroist flacter personne, tesmoing ses opiniastretés et cholères envers S. A. de Savoye, je ne puys et ne sauroye doubter de ce qu'il m'a dict au regard de nos pals.*

La tombe de Marguerite de Faucigny, femme du Prince Thomas de Savoye, laquelle se voit encore aujourd'hui dans la grande Chapelle de l'Abbaye royale de Hautecombe, en Savoye, à la gauche du portique d'entrée, porte un écu parti, au premier, *pallé de six pièces*, pour Faucigny, et sur la deuxième partition *un aigle éployé*, qui formoit les anciennes armoiries des Comtes de Savoye, à titres de Marquis de l'Empire et de Vicaires impériaux en Italie.

Dom Veyrand nous a conservé l'empreinte du signet de la même princesse, lequel se trouvoit encore en 1640 aux archives de la grande Chartreuse. Les armes de Marguerite de Faucigny s'y trouvent blasonnées comme celles de sa tombe, ayant pour inscription sigillaire autour du champ : S. S. COMITISSÆ MARCHIONISSÆ † (Sceau privé de la Comtesse Marquise †). Le contre-scel y marque un chef de femme coiffé d'un cercle de perles orné de fleurons, avec cette légende, tirée du Psaume 25, DILEXI DECOREM DOMUS TUÆ, DOMINE, ET LOCUM HABITATIONIS GLORIÆ TUÆ † (Seigneur, j'ai aimé la beauté de vos Temples, et j'ai fait orner les lieux où repose votre gloire †).

Agnès de Faucigny, Comtesse de Savoye, nous a laissé les empreintes de trois sceaux différens pour la forme et les dimensions. Sur celui d'une transaction qu'elle passe en l'année 1263, avec Guillaume Sire de Lucinge, assistée de Pierre de Savoye son mari, cette princesse est représentée dans un cartouche ovale avec la couronne en tête, et supportant deux petits écussons qu'une figure d'ange tient suspendus au niveau de la tête d'Agnès. Ces deux écus sont blasonnés, l'un *pallé d'or et de gueules de six pièces*, et l'autre d'une *croix d'argent pleine, en champ de gueules*, armoiries que les Comtes de Savoye avoient prises en mémoire de la croisade, et qu'ils substituèrent à l'aigle éployé que leur maison portoit auparavant. Celui de ces deux écussons qui marque les armes de Faucigny est contre l'usage à la place d'honneur au côté sénestre de l'empreinte, et comme sa légende porte seulement † *Sigillum Agnetis Dominæ Fuciniaci* († Sceau d'Agnès Dame de Faucigny), on peut en conclure qu'il étoit le sceau particulier de la Comtesse de Savoye, à titre de Souveraine en propre du même pays de Faucigny.

Une autre charte de l'an 1265 est scellée d'une empreinte octogone ayant au centre un écu parti, savoir au premier, *pallé de six pièces d'or et de gueules*, au deuxième, *de gueules à la croix pleine d'argent*. On lit autour de l'empreinte, en lettres onciales, † *Sigillum secretum* † *Agnetis*

DE FAULXIGNY : COMITISSA DE SABAULDIA † *MARCHION* : (Sceau privé † d'Agnès de Faucigny, Comtesse de Savoye † Marquise †).

Le troisième sceau dont il nous reste à parler au sujet d'Agnès, est figuré par Guichenon, volume I, page 136 de son Histoire généalogique de Savoye, et c'est celui qui se trouvoit encore au testament de cette princesse du temps de Guichenon. Elle est représentée debout, la tête couronnée, et vêtue d'une robe parsemée de fleurons sous un riche portique composite, dont l'architecture rappelle les premiers monumens du style lombard. Elle s'appuie à sénestre sur un écu *de gueules à la croix d'argent*, et sur un autre écu *pallé de six pièces d'or et de gueules*, à dextre. Dans l'exergue circulaire autour de l'empreinte, on lisoit au temps de Paradin : *S. AGNETIS D. G. COMITISSÆ SABAUDIÆ. MARCHION. ITAL. ET DOMINÆ FUCIGNIACI* † (Sceau d'Agnès, par la grâce de Dieu, Comtesse de Savoye, Marquise d'Italie et Dame de Faucigny †).

Les monnoies d'or et d'argent qui nous sont restées du règne d'Agnès et de Pierre de Savoye son mari, représentent un écu *pallé de six pièces d'or et de gueules*, entouré d'un ornement à cinq moulures, et découpé vers le centre en forme d'ogives. Le revers chargé des lettres FERT, initiales de la devise de Savoye : FRAPPEZ, ENTREZ, ROMPEZ TOUT.

Les armoiries de Marguerite et d'Agnès de Faucigny, Comtesses de Savoye, se trouvent encore aujourd'hui figurées dans les trophées généalogiques de la maison de Savoye, en l'Église de Saint-Nicolas de Tolentin de Brou-lez-Bourg-en-Bresse, sur les vitraux du chœur. Dans l'ogive, à la gauche du chevet, les trois partitions de métal de l'écu de Faucigny sont blasonnées d'argent; mais quoique le nom de FAUCIGNY se trouve écrit sur le même vitrail en lettres capitales, au-dessous du même écusson, on ne sauroit en induire que le métal de ces trois pièces n'ait pas toujours été d'or. René le *Docte* a souvent parlé de cette magnifique Église, et s'il avoit observé cette inexactitude héraldique, il n'auroit pas manqué de la signaler dans sa dissertation sur les armes de Faucigny. Ainsi, tout donne à penser que la chose est arrivée par l'ignorance ou la négligence des artistes à qui l'on avoit confié la restauration de ces beaux vitraux, en 1717.

On voit sur les sceaux d'Emmanuel-Philibert et de Charles-Emmanuel de Savoye qu'ils portoient leurs armes royales ainsi blasonnées; savoir, tiercé en fasce, au 1 de SAXE-ANCIEN, parti de la Basse-Saxe à la pointe d'Angrie; au 2 de Savoye l'ancien, brisé de Saxe moderne; au 3 de Chablais; au 4 de Piémont; au 5 écartelé de Jérusalem, de Chypre, d'Arménie et de Luzignan; au 6 d'Aoste; au 7 de Suze; au 8 de Beaugé; au 9 de Vaud; au 10 de Nice; au 11 *pallé de six pièces d'or et de gueules* qui est de FAUCIGNY; au 12 de Gex, et sur le tout de Savoye.

ARMOIRIES

DES BRANCHES CADETTES DE LUCINGE, DE THOIRES-VILLARS, DE CHASVES ET D'ARANTHON.

Rodolphe II de Faucigny, surnommé l'*Allemand*, plaçoit au revers de son contre-scel un *lion contourné*, anciennes armoiries de sa maison. Les émaux n'en sont pas restés visibles sur l'empreinte d'un sceau qu'il fit apposer en 1221; mais on y lit encore dans l'exergue *S. Roulfi Fuciniaci Senescalci* † (Sceau de Rodolphe de Faucigny, Sénéchal †). Ladite charte est une de celles où l'on voit encore le grand sceau d'Aymon II, S. Seigneur de Faucigny, qui l'appose en garantie pour une donation du même Sénéchal Rodolphe, son oncle paternel.

BIBLIOTHÈQUE ROYALE I

Guillaume IV de Faucigny, Sire de Lucinge, Sénéchal héréditaire du Faucigny et arrière-petit-fils de Rodolphe l'*Al-*

lemand, scelloit au moyen d'un écu *bandé de six pièces d'or et de gueules*, avec la légende SIGILLUM D. VULIELMI DE LUCINGIO † (Sceau de Guillaume Sire de Lucinge †), ainsi qu'il appert d'une charte de l'an 1264, et du codicille au testament d'Agnès de Faucigny, Comtesse de Savoye; lesquels actes sont précités dans la généalogie, à l'article du même seigneur. Ces armoiries de la branche de Lucinge étant formées d'un même nombre de pièces, ayant la même forme et le même émail sur le même métal que les armes de la branche aînée de Faucigny, dont elles ne peuvent différer que par une légère inclinaison de l'écu, tout donne à penser que la mutation de la *bande* à la place du *pal* étoit alors considérée comme signe de *brisure;* et René de Lucinge a remarqué très-judicieusement que la branche de Thoires et Villars, puînée des Seigneurs de Faucigny, a toujours porté, comme la branche de Lucinge, *bandé* d'or et de gueules de six pièces, au lieu de *pallé* comme les Souverains Seigneurs de Faucigny, et les héritiers de la branche aînée de leur maison, les Souverains Comtes et Ducs de Savoye.

Les armes de Louis de Faucigny, Thoires et Villars, Cardinal, Archevêque et premier Comte de Lyon, se voient encore à la voûte et sur les parois de la nef, dans l'église de Saint-Nizier de Lyon, qu'il avoit fait bâtir et dont il avoit doté le chapitre. On a soigneusement restauré toutes les sculptures de cette belle église, en y blasonnant tous les objets héraldiques d'après la trace de leurs émaux primitifs, et les écussons du même Cardinal y sont *bandés d'or et de gueules de six pièces.*

Humbert de Faucigny, Sire de Thoires, et mari de Béatrix de Savoye en 1334; ainsi qu'Alix de Faucigny-Villars, femme de Philippe de Savoye, Prince héréditaire de la Morée en 1362, portoient *bandé d'or et de gueules de six pièces*, ainsi qu'il se voit en l'Hist. généal. de Savoye, par Samuel Guichenon, vol. I, pages 326 et 333.

Isabeau de Faucigny-Thoires, femme de Henry de Bourgogne; Aliénor de Faucigny-Villars, épouse d'Etienne Sire de Coligny; Alix de Faucigny-Villars, femme de Hugues-le-Grand, Comte de Vienne, et Humbert de Faucigny, Thoires et Villars, Comte de Genevois, s'armoient *bandé de six pièces d'or et de gueules*, ainsi qu'il appert de leurs généalogies, Hist. de Bresse de Guich. div. III, au supplément.

Hugues de Faucigny-Chasves, Archevêque de Corynthe, s'armoit *fascé de six pièces d'or et de gueules*, ainsi qu'il se voyoit encore en 1687, sur sa tombe et sur les vitraux d'une Chapelle, en l'Eglise métropolitaine d'Avignon.

Le Cardinal Louis de Faucigny-Villars, Evêque de Valence en 1377, portoit sur son scel un écu *bandé de six pièces d'or et de gueules*, avec l'inscription suivante : *S. Ludovici S. E. R. Card. Episc. Com. Valentinensis, Gapensis et Diensis, M. Div.* † (Sceau de Louis, par la miséricorde divine, Cardinal de la Sainte Eglise Romaine, Evêque et Comte de Valence, de Gap et de Die †).

Henri de Faucigny-Villars, Archevêque de Lyon et d'Embrun, s'armoit également *bandé d'or et de gueules de six pièces*, ainsi qu'il se voit au sceau dont il a confirmé le traité de cession du Dauphiné, laquelle charte est conservée dans les archives royales de France. L'exergue du sceau porte encore aujourd'hui : *Henricus D. G. Arch. Episc. et Com. Lugdunensis † Galliæ Primas † Arch. Episc. et Princeps. Ambrunencis † Episc. et Com. Vivar. † Episc. et Dom. Lavar. † Gener. Regul. Delphin.* † (Henry, par la grâce de Dieu, Archevêque et Archicomte de Lyon † Primat des Gaules † Archevêque et Prince d'Embrun † Evêque de Viviers, Comte de Vivarais † Evêque et Seigneur de Lavaur † Régent du Dauphiné †) et sur le contrescel *S. Secretum Henrici Archiepiscopi* † (Sceau privé de l'Archevêque Henry †).

Humbert II de Faucigny, Sire de Lucinge, portoit ses armes écartelées ainsi qu'il suit, au 1 et 4 *pallé de six pièces d'or et de gueules*, au 2 et 3 *bandé* du même nombre de pièces et des mêmes métal et émail. Le cimier d'un dextrochère armé d'or et pour cri des armes A LA BONNE VILLE BONNES NOUVELLES, ainsi qu'il se voit au *Discours touchant lez Armoyries* de Julles Fabvier. On ignore aujourd'hui la signification donnée par Humbert à cette devise héraldique; elle ne sauroit être un cri de guerre *en défi*, ce n'est pas non plus un cri de guerre *en invocation;* et quand la tradition manque, on ne sauroit expliquer un cri de guerre *en événement.*

Humbert de Faucigny, Thoires et Villars, VIII du nom, Comte de Genevois, etc., s'armoit *tiercé en pal*, au 1 *bandé de six pièces d'or et de gueules*, qui est de Faucigny-Lucinge et Thoires, au 2 *d'argent à l'aigle éployé de sable, mi-parti de gueules à la clef d'or mise en pal*, qui est de Genève, au 3 *équipollé de cinq points d'or à quatre d'azur*, qui est de Genevois. L'écu sommé d'un casque taré de fasce et couronné d'or, aux lambrequins bigarrés et bandés d'or et de gueules; pour cimier un taureau ailé, accorné d'or; gardes du trophée deux sauvages tenant deux bannières armoiriées de Thoires et de Genève; devise, TEL EST MON VOULLOYR, et pour cri de guerre, ADVILLARS.

Sur une tour du château d'Arcine et sur les vitraux de l'Eglise cathédrale de Genève, on voyoit encore en 1546 les armes de François de Faucigny-Lucinge, Seigneur d'Arcine et des Entremonts en Genevois, Chanoine et Grand-Prevôt de l'Eglise de Genève, etc. Elles ont été figurées par le même Fabvier qui les blasonne *d'or pallé de gueules, écartelé d'or bandé du mesme :* A LA BONNE VILLE BONNES NOUVELES, *autour de l'escu.*

Félixonne de Lucinge-d'Aranthon, Dame de Sales, de Traves et de Bertilly, femme de Jean *le Bocquéran* Sire de

Lucinge en 1400 et 1422, portoit ses armes de communauté parties de Lucinge plein, et de Lucinge-d'Aranthon, lequel étoit *brisé d'un pal retrait d'azur brochant sur le tout.*

Odon de Faucigny, Thoires et Villars, Prince d'Orange et Sire de Baux, Comte d'Avelyn, de Beaufort, de Genève et de Genevois, portoit *écartelé*, au 1 *bandé de six pièces d'or et de gueules* qui est de Faucigny-Lucinge et Thoires, au 2 *de gueules à l'étoile de XVI rays d'argent*, qui est de Baux, d'Orange et Tarente; au 3 de *Genève*, et au 4ᵉ de *Genevois* ci-dessus blasonnés. L'écu gardé par deux sauvages et sommé de la couronne Principale, avec la devise TEL EST MON VOULOIR.

Humbert III de Faucigny, Sire de Lucinge, avoit disposé les partitions de ses armes ainsi qu'il suit : écartelé, au 1 *pallé d'or et de gueules de six pièces*, qui est de Faucigny; au 2 *écartelé d'or et de gueules*, qui est du Saix; au 3 *bandé de six pièces d'or et de gueules*, qui est de Lucinge; au 4 *fascé de sinople et d'argent de six pièces*, qui est des Alymes. Le cimier du casque un sénestrochère, et le cri des armes A LA

BONNE VILLE. On a trouvé plusieurs sceaux du même Humbert III dans les archives de N. D. d'Abondance, et de la Chartreuse du Reposoir en Faucigny.

Au tournoi de Genève en 1498, Bertrand, Sire de Lucinge, étoit *premier tenanst de lemprinze;* ses armoiries enregistrées par Maîtres *Savoye* Roi-d'armes de Savoye, et *Bonnes Nouvelles*, Héraut-d'armes de l'ordre de l'Annonciade, étoient écartelées *aulx 1 et 4 de Faulcigny, au 2 de Thoyres ou Lussinge audict pays, et au 3 des Alismes en Bugetz. Le casque sommé d'un bras droict armé d'or et l'escu gardé par deux lyons couronnés du mesme. Le cry d'icel-luy trez noble tenanst* A LA BONNE VILLE BONNES NOUVELLES.

Les armoiries de Charles de Faucigny-Lucinge, fils de Bertrand, et celles d'Anne de Lyobard, épouse de Charles, se trouvent figurées et peintes dans l'ancien manuscrit de la Bibliothèque de La Vallière, n° 247 à la Bibliothèque du Roi; celles de Charles de Lucinge, parti au 1 *pallé d'or et de gueules de six pièces*, au 2 *bandé de six pièces d'or et de gueules*, et en pointe *fascé de sinople et d'argent.* Le casque taré de face et couronné, sommé d'un dextrochère armé d'or, les Gardes deux aigles, et la devise A LA BONNE VILLE BONNES NOUVELLES. Les armoiries d'Anne de Lyobard, Dame de Lucinge, y sont blasonnées *d'or au lion léopardé de gueules*, ayant pour supports deux léopards dudit émail encasqués d'or, et pour devise, PENSEZY, BELLE, FIEZ-VOUS-Y.

Louise de Lucinge d'Aranthon, Princesse de Valraxe et la dernière de sa branche, portoit à sénestre pour ses armoiries propres, *écartelé*, au 1 *bandé de six pièces d'or et de gueules au pal retrait d'azur brochant sur le tout*, qui est de Faucigny-Lucinge-d'Aranthon; au 2 *d'or au lion de gueules à l'orle de huit coquilles d'azur* qui est de Bourbon l'ancien, dit l'Archambault; au 3 *de gueules à la croix alaisée d'argent, à la croisette d'or au canton dextre*, qui est de Savoye-Cavours; au 4 *d'azur au chevron d'or, accompagné de trois gerbes du même*, qui est de Bayard-Montclar.

Marie de Faucigny-Lucinge, Damoiselle des Alymes et Dame d'Honneur de Marguerite de France, Duchesse de Savoye, portoit ses armes écartelées, au 1 et 4 *bandé de six pièces d'or et de gueules*, au 2 et 3 *fascé de sinople et d'argent*, et sur le tout *pallé d'or et de gueules de six pièces*, ainsi qu'il se voit au cachet d'une lettre écrite par elle à Saint François de Sales, Evêque de Genève, et comme il appert de trois écussons placés au-dessus du tombeau de cette dame, en l'Eglise de la Chartreuse du Reposoir.

René de Faucigny-Lucinge, Baron des Alymes, a fait graver ses armes au titre de ses commentaires imprimés à Lyon : il écartelle au 1 de Faucigny, au 2 de Lyobard, au 3 des Alymes et au 4 de Lucinge; il a pour supports un aigle avec un lion; son casque ouvert est taré de face et couronné, il est sommé d'un dextrochère, et les lambrequins en sont garés et bandés d'or et de gueules à six rayures. René *le Docte* avoit pris pour devise USQUE QUO ! et l'on peut augurer que c'étoit en signe d'impatience, au sujet de sa défaveur à la cour de Savoye, pour avoir signé le traité de Lyon.

Louis de Faucigny, Comte de Lucinge en Bresse, et Commandant le ban et l'arrière-ban des Nobles de cette province en 1675, portoit les armes de Lucinge, écartelées seulement de celles des Alymes, avec l'écu sommé de la couronne Comitale et pour devise USQUE QUO !

Joseph-Pompone, Marquis et Comte de Lucinge, etc., portoit, ainsi qu'il se voit dans Chevillard et Ménestrier, *bandé d'or et de gueules de six pièces*, parti *de sinople ou d'azur, aux trois fasces d'argent*, l'écu sommé de la couronne Principale et supporté d'un aigle et d'un lion naturels.

Par suite du mariage de Louis-Joseph, fils de Joseph-Pompone, avec Charlotte de Sandersleeben et Coligny, Louis Charles Amédée, Marquis et Comte de Lucinge, avoit fait disposer ses blasons suivant les conditions de ce mariage, en ajoutant les armoiries substituées par les clauses de cette alliance à celle de ses ancêtres paternels. Il portoit donc écartelé de Sandersleeben et de Coligny, sur le tout de Faucigny, parti de Lucinge; les supports d'un aigle d'argent couronné d'or, et d'un lion naturel, portant des pennonceaux armoiriés de Lucinge et de Faucigny; pour cri des armes A LA BONNE VILLE BONNES NOUVELLES, pour devise *USQUE QUO!* avec l'écu sommé de la couronne Principale et germanique.

Ferdinand Victoire Amédée de Faucigny, Prince de Lucinge, Marquis et Comte de Coligny-Chastillon, CHEF DES NOMS ET ARMES, porte écartelé de Sandersleeben, de

GENÈVE, de GENEVOIS et de COLIGNY, sur le tout de FAUCIGNY, parti de LUCINGE, ainsi blasonné; au 1 *d'azur au soc d'or mis en pal* qui est de Sandersleeben (armoiries d'alliance); au 2 *d'argent à l'aigle éployé de sable, mi-parti de gueules à la clef d'or, mise en pal*, qui est de Genève (armoiries de domaine en prétention); au 3 *équipollé de cinq points d'or à quatre d'azur*, qui est de Genevois (armoiries de domaine en contention); au 4 *de gueules à l'aigle d'argent, éployé, membré, becqué, couronné d'or*, qui est de Coligny-Chastillon (armoiries de substitution); sur le tout *pallé de six pièces d'or et de gueules*, qui est de Faucigny (armoiries patronimiques); parti *bandé d'or et de gueules de six pièces*, qui est de Lucinge (armoiries de branche suzeraine et d'apanage en fief banneret). Les supports un aigle d'argent, couronné d'or, avec un lion naturel, portant des pennons blasonnés de Genevois et de Faucigny; le cri des armes A LA BONNE VILLE BONNES NOUVELLES, devise USQUE QUO! et l'écu sommé de la couronne de Prince, ainsi qu'on l'a déjà marqué.

INSCRIPTIONS TUMULAIRES,

ÉPITAPHES, ETC.

Aymon Ier, Seigneur de Faucigny, fut inhumé, comme on l'a dit, dans la chapelle de sa forteresse de Châtillon, et son cœur fut porté à la Chartreuse du Reposoir qu'il avoit fondée en 1145.

D. Cusiat nous a conservé l'épitaphe d'Aymon, de laquelle il ne donne toutefois que cette version françoise, dont le style paroît être du treizième siècle, et par conséquent beaucoup plus moderne que l'original.

CY PRONOBLE MOLT PIEX EYMON SEGNEVR DE FOVLXEGNY AVLX VEAGES OVLTRE MAR HA GVEROYE POR LHEVR DYEX ET LA CONQVEST DEL BENOICT SANCT SEPOLCHRE ESTAY FERRY XIII COVBS DE HAST AVLX EMPRYNSE VIS SANCT JOHAN DAKRES SANZ HOYRS HA DECED AL FESTA SANCT MARK APOSTOELLE XXV APVRYL AN NS MCLVI AEN CESTOVY SYAN KHASTEEL DYEX ABSOLVE LOE.

Ci-gît Très Noble et Très Pieux Aymon, Seigneur de Faucigny, lequel aux voyages d'outre-mer a guerroyé pour l'honneur de Dieu et la conquête du benoît Saint-Sépulcre, ayant été blessé de treize coups de lance à la bataille de Saint-Jean-d'Acre, il décéda sans enfans le jour de la fête de Saint-Marc, apôtre, le 25 avril, l'an de notre Seigneur 1156, en icelui son châtel. Que Dieu l'absolve!

Dans l'ouvrage intitulé *Remarques et loysirs de Messire René de Lucinge, Seigneur et Baron des Alymes*, on voit qu'il avoit lu l'inscription suivante à N. D. du Reposoir, en 1569 :

HIC JAC. COR. ET VISC. AYMONIS DOM. FUCIGNIAXI FUND. H. ECCLESIÆ S. M. REPAUS. ORD. CARTHUS. ANN. INCARN. M.C.XLV.

Ici reposent le cœur et les entrailles d'Aymon, Seigneur de Faucigny, fondateur de cette Eglise, dédiée à Sainte Marie du Reposoir, ordre des chartreux, l'an de l'incarnation 1145.

ANCIENNE INSCRIPTION VOTIVE

DE MARGUERITE DE FAUCIGNY, COMTESSE DE SAVOYE,

EN L'ÉGLISE DE L'ABBAYE ROYALE DE HAUTECOMBE EN SAVOYE.

(Traduction du XVIIe siècle, conservée et rapportée par D. Veyrand.)

LA TRÈS ILLUSTRE PRINCESSE MARGUERYTTE DE FAUSSIGNY, LAQUELLE A FONDÉ CÉANS, SUR LA CENSIVE DE SES CHASTELIENIES DE LUSSINGE ET D'ARANTHON, ET AULTRES SES PROPRES, LE SERVICE SOLAMNEL POUR LES ANCIENS COMTES, PUISSSE-T-ELLE REPAUSER EN PAIX PAR LA MISERRICORDE DU TOUT PUYSSANT, PAR LES MÉRITES DU SANG PRETIEUX DE JHÉSUS-CHRIST ET PAR L'INTERCESSION DES BIENHEUREUX PATRONS DE CESTE ÉGLISE.

OO CC XXXIII.

J'ay aymé la beauté de vostre maison, Seigneur, et le lieu où habite vostre gloyre. Ps. *xxv*.

ÉPITAPHE

DE HUGUES DE FAUCIGNY,

EN L'ÉGLISE CATHÉDRALE D'AVIGNON.

HIC JACET REVERENDISSIMUS PATER IN J. C. D. D. HUGO P. D. ARCHIEPISCOPUS CORYNTIENSIS. CAMERAR. SEC. D. N. JOHAN. SUM. PONT. XXII *ABBAS S. P.......... INQUISITOR P. F. QU.......... NATIVIT.......... CHRISTI.........* IV. *KAL.* JANUARII XXVII.

Ci-gît Révérendissime Seigneur et Père en Jésus-Christ, Hugues, par la permission divine, Archevêque de Corinthe, Camérier secret de Notre-Seigneur Jean XXII, Souverain Pontife, Abbé de S. P....., Inquisiteur pour la Foi; lequel mourut l'an de la Nativité du Christ.... IV, le 27e jour des kalendes de janvier.

ÉPITAPHE

DE

BENOIT DE FAUCIGNY-LUCINGE,

EN L'ÉGLISE CATHÉDRALE DE SAINT-JEAN DE MAURIENNE.

BEATAM RESURRECTIONNEM EXPECTANS, HIC JACET PRENOBILIS ET MAGNIFICUS BENEDICTUS DE LUCINGIO S. J. R. PRINCEPS, DOMINUS....... ET....... LURIACENSIS....... ORDINIS B. M. OBIIT ANNO DOMINI M. CCCC. VIII. *KAL.* JANNUARII XXV, *REGN. SIGISMUNDI SEMP. AUG. ROMAN. IMPERATORIS.*

Ici repose en attendant la résurrection bienheureuse Très Noble et Magnifique Prince du Saint Empire Romain, Benoît de Lucinge, Seigneur... et... de Lure... de l'ordre B. M.... Qui mourut le 25 janvier 1408, régnant alors Sigismond toujours Auguste, Empereur des Romains.

ÉPITAPHE

DE

CHARLES DE FAUCIGNY-LUCINGE D'ARANTHON,

EN L'ÉGLISE MÉTROPOLITAINE ET PRIMATIALE DE LYON.

PRENOBILIS DOMINUS CAROLUS DE LUCINGIO D. DE ARANTHON CANONICUS C. CAMERARIUS LUGDUNENSIS QUI CAPELLAM SANCTI PETRI ECCLESIÆ LUGDUNENSIS DOTAVIT DE SUMMA LIBRARUM DECEM GEBENNENSIUM PERPETUI REDITUS CUJUS ANIMA PER MISERICORDIAM DEI REQUIESCAT IN PACE. OB. DIE II JUNII AN. DOM. M.CCCC.XVIII.

Le Très Noble Seigneur Charles de Lucinge, Seigneur d'Aranthon, Camérier, Chanoine et Comte de Lyon, lequel a doté la chapelle de Saint-Pierre en cette Eglise, de dix livres argent de Genève à perpétuité, et dont, par la miséricorde de Dieu, l'âme repose en paix, trépassa le 2e jour de juin l'an du Seigneur 1418.

ÉPITAPHE

D'ODON DE FAUCIGNY-VILLARS,

Le dernier de la branche de Thoires,

EN L'ÉGLISE DE SAINT-BONAVENTURE DE LYON.

Cy gist hault et puyssant Prince Odon par la grasce de Dieu Soubveraing Sire de Thoyres Prince et Marquis du Sainct Empyre Romain Comte de Genesve et Genesvois de Beaufort et dAvelyn Prince dAurcnge et Sire de Beaulx Duc d'Andrye Seigneur de Trevoulx Mont Elliers Martigues Annonay Gysmont Aspremont et LXXII aultres ses lieux quy fust en son vivant Chevalier noble Frere et Compaignon de la Thoyson dor de Bourgongne et du Collier de Savoye come ainsy de lordre de Naple et dAniou et Regent de la Duchee de Savoye quy passast de vye a trezpas le unziesme jour de julliet lan de nostre Seigneur ƆIC CD XVII et voulust estre ensevelly ceans que Dieu luy doint la paix des saincts

Amen ✝

ÉPITAPHE

DE

LOUISE DE FAUCIGNY-LUCINGE D'ARANTHON,

DANS L'ÉGLISE CATHÉDRALE DE SAINT-JEAN DE MAURIENNE.

A. M. D. G.

CY GIST

HAULTE ET PUISSANTE PRINCESSE DU SAINCT EMPIRE

LOUISE DE LUCINGE D'ARANTHON LEZ FAULCIGNY,

EN SON UIUANT

COMTESSE DE UALRACE, DAME DE BRISON,

BORGNOEUF, LE BROEUL D'AUAL ET AULTRES SES LIEUX.

Laquelle auant d'auoir rendu son asme à son createur, auoit laissé diuerses marques de sa piété à ceste église cathédralle et auoist requist le transfert de ses nobles restes en ycelle.

Estant décédée en l'hostel épiscopal d'Yurée, le huictiesme jour de l'an du salut.

M. D. XL. VII.

INSCRIPTION

DU TOMBEAU DE MARIE DE FAUCIGNY-LUCINGE,

EN L'ÉGLISE DE N. D. DU REPOSOIR.

JCY ELEUST SON REPOS

HAULTE ET PUYSSANTE DAMOYSELLE

DAMOYSELLE

MARIE DE LUCINGE DES ALISMES

EN SON VIVANT

DAME D'HONNEUR DE MADAME MARGUERYTTE DE FRANCE

DUCHESSE DE SAVOYE

ROYNE DE CHYPRE ET HYERUSALEM

après s'estre maintenue dans la foy les œuvres et la prière
elle a terminay pyeusement une vye courte et saincte
en ordonnant qu'elle fust ensevellie
auprez des reliques de ses ancestres en ceste eglise
ou elle attendt la resurrectyon.

A. M. D. G.

INSCRIPTIONS

DU MAUSOLÉE D'EMMANUEL DE FAUCIGNY-LUCINGE,

EN L'ÉGLISE DE MONTROSAT,

Comme elles sont rapportées par D. Veyrand, 1re partie, page 144.

A L'ÉTERNELLE MÉMOIRE

DE TRÈS HAUT ET PUISSANT SEIGNEUR

MESSIRE EMMANUEL DE LUCINGE, CHEVALIER,

Extraict des Souverains Princes de Fauxigny, de Vallays, de Vauldois, et de Genesvois; COMTE DU SAINT EMPIRE ROMAIN, Vicomte de Lompnes et Baron des Alymes, Vidamme de Belley, Seigneur de Lucinge, de Montrosat, de Luysandre et de Chasteaublanc en Bresse, de Samoëns et de Wallon en Fauxigny, de Montuerd, de la Tuylerie, de Torcieu et de Montdragon en Bugey, des Marches sur l'Isère et autres lieux, Mareschal de Bataille, Conseiller du Roy en tous ses conseils, Chevalier de la Sacrée Religion des Saincts Maurice et Lazare de Savoye, etc. etc. etc.

RENOMMÉ, JUDICIEUX, ET SAGE AU CONSEIL,

INTRÉPIDE ET GRAND CAPITAINE

Il a terminé sa vie glorieuse

Le IXe jour de May en l'année M.DC.XXX.

CATHERINE DU PUY DE MARTEL

COMTESSE DOUAIRIÈRE DE LUCINGE,

ET

FRANÇOISE DE LUCINGE BARONNE DE MONTFORT,

Sa Veufve et sa Fille inconsolables,

ont fait ériger ce Mausolée pour immortaliser leur douleur.

R. I. P.

Ce monument, sculpté par Coysevox, étoit composé d'un sarcophage élevé sur une double plinthe en marbre noir ; il étoit décoré de quatre figures en marbre blanc, représentant la Force, la Tempérance, la Justice et la Vérité. Il est à regretter qu'il ait été brisé par les révolutionnaires en 1792. On y voyoit gravée d'un côté l'épitaphe ci-dessus rapportée ; et sur l'autre face correspondante, au milieu de la longueur du monument, on lisoit cette inscription, citée par Samuel Guichenon, dans son Histoire de Bresse, fol. 141 du suppl. et rapportée par l'auteur du *Trésor des Epitaphes Françoyses*, pages 290 et suivantes.

Passant, arreste-toy pour lyre.
A l'exemple de moy quel doibt estre ton cours :
J'ai sçu combattre, armer, escryre
Et toutes les vertus défier au concours.
De LUCINGE, j'ay pris les qualités sublimes
Que donna la nature à mes antécesseurs ;
Imitateur et fils du Docte DES ALYMES
Qui donnoist AUX FRANÇOIS de la paix les douceurs,
Héritier de son nom, ses lettres, son courage,
Plutost que d'aultres biens dont il fesoit mespris ;
J'ay recueilly les palmes et l'hommage
Quy sont de la vertu le loyer et le prix.

Dans CASAL, secondé du brave DE LA GRANGE,
L'ERIDAN a jugé de ma capacité !

Aux conseils, aux combats on a donné louange
Aux dires, à l'effet de ma fidélité !
Minerve m'a chéry, Mars me fust favorable ;
L'olive et le laurier ont cerné mon tombeau :
Eloquent en la paix, aux armes redoutables ;
Est-il rien de plus beau ?

Les travaux ont miné mon esprit et ma force ;
La Mort a moissonné des dons si précieux.
Mais la Vertu triomphe alors qu'elle s'efforce,
Logeant l'esprit aux cieulx.

INSCRIPTION SÉPULCRALE

EN L'ÉGLISE DE LA CHARTREUSE DE N. D. DU REPOSOIR EN FAUCIGNY.

ICY REPOSE
LE CŒUR NOBLE ET PIEUX
DE CHARLES FRANÇOIS PHILIBERT
COMTE DE LUCINGE ET PRINCE DE CYSTRIE
MARQUIS DE RONCILLIONE ET DE SAINT MARC EN ITALIE,
DUC ROMAIN, BARON DE VIDALLIE,
GRAND DES ESPAGNES ET CŒTERA.

LEQUEL A LEGUE CETTE VENERABLE PORTION
DE SA DEPOUILLE MORTELLE
A CETTE SAINTE MAISON
FONDEE PAR SES ANCESTRES EN L'ANNEE DU SALUT

ꟾ.C.XL.VII.

Fundamenta ejus in montibus sanctis, aquilonis latera.	*Respice me, Domine, in tabernaculo tuo; aperite mihi portas justitiæ.*
Circumdate et complectimini eam; gloriosa dicta sunt de te, civitas Dei. Ps. 86.	*Fili justorum et serve fidelis, intra in gaudium Domini tui!* ALLELUIA!

Par les soins des R. P. Prieur
et Chapitre de N. D.
Inscrit en l'année de la S. Incarnation M. IϽC. XXXII.
Siegeant alors sur la chayre de S. Pierre Urbain VIII.
Dominant sur l'Empire Romain Ferdinand II^{esme} du nom
Et resgnant sur le Faucigny Victor Amé Duc de Savoye,
nostre Seigneur.

EXTRAITS

DE

L'EUCHARISTICON,

OU SE TROUVENT NOMMÉES LA MAISON DE **LUCINGE**, AVEC CELLES DE **THOIRES**, DE **BEAUGÉ**, DE **COLIGNY**, DE **SEYTURIER**, DE **CHASTEAUVIEUX** ET AUTRES ILLUSTRES MAISONS DU COMTÉ DE BRESSE, ENTRÉES DANS L'ALLIANCE DE CELLE DE **FAUCIGNY**.

Lucinge.

Sed dum Lucingicæ junguntur arbori
Illius advenæ stupent miraculis;
Oleaster etenim sicuti Nisæicus
Olim ex aperto fudit arma cortice,
Sic eadem pacis fructus et belli dedit.

Thoires et Beaugé.

Thoyriacam vero, et Balgiacam celsas cedros
Si quis potuisse exscindi miratur, sciet
Ex illis regias ædificatas domos.
Innumeræ deniquè arbores illic virent
Hesperidum dignæ maxumè pomariis,
Vix ut sit ulla quin eos fructus ferat
Iterum nubenti terra quos daret Jovi.

oligny.

COLINIACORUM quales arbor fecerit
Fructus ostendit, utque priscis seculis
Ad supremum ramos extulerit verticem,
Nec ab hic unquam fastigio descenderit,
Nisi ut se inclinando altius resurgeret.

---

yturier.

Tam lata ramis cernitur SETURIA
Ut magna ex illis sylva componi queat.

---

teauvieux.

In CASTRI VETERIS truncus extat rupibus,
Viriditate antiqua primus; solatium
Tamen habens illud vitæ abeuntis, quod facit
Alitibus orbis nidum nobilioribus.

CHOIX DE LETTRES,

MISSIVES ORIGINALES,

ET TRADUCTIONS DE PLUSIEURS ANCIENS DOCUMENTS

RELATIFS

A L'HISTOIRE ET LA GÉNÉALOGIE

DE LA MAISON DE FAUCIGNY.

LETTRE

DU PAPE GREGOIRE VII

A LOUIS SOUVERAIN SEIGNEUR DE FAUCIGNY,

MARQUIS DES ALPES.

(Traduction de l'original provenant du trésor de l'abbaye de Sixte en Faucigny).

Grégoire, Evêque, Serviteur des Serviteurs de Dieu, à Louis Prince de Faucigny, salut et bénédiction apostolique. Il est bon que vous rappeliez souvent à votre mémoire quelle a toujours été la sollicitude de l'Eglise Romaine pour le pays qui vous est soumis, et vous devez surtout considérer combien nos Vénérables Prédécesseurs ont témoigné d'affection paternelle à votre famille. Emerard, votre Noble Père, avoit juré sur les corps des Saints Apôtres, en présence de notre Bienheureux antécesseur le Pape Alexandre, qu'il soutiendroit et que sa postérité serviroit toujours avec fidélité la cause de Saint Pierre, aussitôt que vous, ou vos descendans, vous en seriez requis par nous, ou nos successeurs. Voilà ce que nous croyons devoir rappeler à la dévotion, la justice et la prudence de votre Sérénité. Nous la prions et nous l'admonestons pour qu'elle organise et dispose une forte milice, afin de pouvoir défendre au besoin la chaire et le tombeau du Prince des Apôtres, et nous avons la confiance de vous voir arriver à Rome à la tête de votre armée, si la chose est nécessaire à notre assistance. Nous vous prions également de rappeler à Aymon, Comte de notre Palais de Latran, ainsi qu'à votre parent le Prince Amédée, qu'ils doivent rester fidèles au Saint-Siége, et qu'ils nous ont promis d'étendre leurs bras pour fortifier ses remparts. Toutefois, pour éviter de répandre inutilement le sang chrétien, nous vous demandons de n'arriver avec vos troupes en deçà des monts, qu'après avoir été prévenu par nous d'une nécessité si déplorable. Nous voudrions encore essayer de tempérer l'ardeur séculière par la douceur et la charité de notre parole évangélique, et nous voudrions pouvoir abattre l'orgueil humain par la seule autorité de notre pouvoir pontifical; nous ferons connoître à votre piété les résultats de notre intervention. Relativement aux Normands qui nous sont rebelles; les troupes qui sont à nos ordres en Italie doivent être suffisantes, avec l'aide de Dieu, pour les réduire à la soumission. Tous ceux qui vous obéiront ou vous suivront dans cette sainte entreprise, en seront récompensés (nous le croyons fermement) par la Bénédiction des Princes des Apôtres Pierre et Paul. Donné à Rome le VII des nones de février, indiction XII.

LETTRE DE HUGUES ABBÉ DE SAINT MAURICE

A RODOLPHE DE FAUCIGNY, SURNOMMÉ *L'ALLEMAND*,

SIRE DE LUCINGE ET SÉNÉCHAL DU FAUCIGNY.

(Traduction d'un latin barbare.)

Je, Hugues : humble Abbé de Saint Maurice, au Magnifique Seigneur, Rodolphe de Faucigny, Sénéchal. C'est au nom des spectables et dévotieux frères de cette maison. Il est notoire que le Seigneur Humbert, Comte et Marquis, avoit donné au monastère du Bienheureux Martyr Maurice plusieurs possessions situées non loin de Bagnes et d'Octier. La charte qui nous autorise est affirmée par le Seigneur Pierre Archevêque de Tarantaise, et par ton frère, le Seigneur Aymon de Faucigny d'heureuse mémoire, ainsi que par plusieurs Barons du même Seigneur Humbert de Savoye. Néanmoins, il s'est élevé plusieurs contestations au sujet de l'étendue de ces terres, ainsi que tu dois en être informé, puisque Jean co-Seigneur d'Octier, t'a déjà prié d'être son arbitre, et que ta Grandeur a souscrit à cette prière. Je te supplie de vouloir te porter également pour notre arbitre, et de prononcer (après avoir pris le temps et les moyens de juger équitablement) entre mon église et le dit Jean d'Octier, à qui nous désirons qu'il ne soit fait aucun tort. Nous promettons d'agréer, d'honorer et de louer la décision que tu prendras, et comme il n'est pas douteux que tu ne veuilles protéger notre dite église en défendant ses justes droits, sois assuré, Noble Seigneur, que jusqu'à la fin de ta longue vie, le Bienheureux Maurice et la Légion Thébaine combattront pour tes entreprises et contre les ennemis de ta maison. Ecrit chez Saint Maurice la IVème férie de la IVème lune, indict. X.... fest..S..

LETTRE

DE MARGUERITE DE FAUCIGNY COMTESSE DE SAVOYE

AU GÉNÉRAL DE L'ORDRE DES CHARTREUX.

(Traduite sur l'original, extrait des archives de la Grande-Chartreuse.)

Nous, Marguerite, Comtesse et Marquise, pour témoigner l'affection que nous portons à ton ordre, nous avions accordé l'exemption des droits de péage et de leyde à tes frères d'Arvières, ainsi qu'à leurs messagers, leurs effets, denrées et bestiaux, sur toutes les terres de notre juridiction propre, ayant de plus ordonné que ces mêmes religieux fussent accueillis dans nos états avec la révérence et la charité les plus attentives. En outre, nous avions fait défense à tous nos sujets, libres ou serfs, d'aller chasser ou pêcher dans le voisinage de ce monastère; enfin nous avons fait livrer au Baillif de Lucinge le Damoiseau Geoffroy, fils du Seigneur de Saint-Martin, lequel au mépris de nos ordonnances avoit été troubler la paix de la sainte maison d'Arvières, en chassant, avec ses vassaux et avec un grand appareil de vennerie, dans les bois dudit couvent. Ce jeune Seigneur a été condamné à l'amende de quatre livres par un jugement que notre oncle, le Sire de Lucinge, a confirmé, et les trois plus âgés des susdits vassaux de Saint-Martin ont été punis corporellement au moyen de la fustigation. Ainsi la lettre que tu viens de nous écrire étoit superflue. Peut-être la distance des lieux, les troubles de ton pays, ou les rigueurs de la saison n'auront-ils pas permis que tu fusses plus vite et mieux informé; nous voulons bien renouveler entre tes mains ladite concession en faveur de tes vénérables frères d'Arvières, et pour que cet acte de charité puisse rester inviolable et incontestable, nous l'avons fait affermir et confirmer par Thomas Comte de Maurienne et Marquis d'Italie, notre Seigneur et Mari, par Aymon Seigneur de Faucigny, notre Seigneur et Oncle, et par Amédée de Savoye notre Fils aîné, lesquels y font apposer leurs sceaux, au château des Echelles de Savoye, l'an de notre seigneur J. C. 1227, siégeant alors sur la chaire de Saint-Pierre le Pape Grégoire, et régnant sur les Romains l'Empereur Frédérick toujours Auguste.

LETTRE DE SAUVEGARDE ET DE PROTECTION

DONNÉE AUX RELIGIEUX DU MONT SAINT BERNARD

PAR AYMON II BARON DE FAUCIGNY.

(Ancienne traduction du père Adrien *de Celestibus.*)

AYMOND, par la grâce de Dieu, Soubverain Sire et Baron de Faussigny, Valais et Vauldois, Genesve, Berne, Lauzanne et Syon, Comte Imperyal aux Royaulmes de Germannie, Bourgoigne et Provence, à touts nos Barons, Chasteleins, Provosts et Baillifs, à touts aultres non subjects nobles ou ignobles, ainsi qu'à tous ceux qui la presente voiront ou oiront, SALUT ET TOUTES SORTES DE BIENS. Comme les puyssance, honneurs et dignité que nous possédons, par la Miséricorde Divine nous sont principalement despartis (ainsy que nous le croyons et confessons) à fin de protéger les personnes de Dieu, qui vivent sainctement en Jésus-Christ, en priant pour nostre salut et celuy de nos ancestres, en confortant les affligez et secourrant charitablement les paupvres pelegrins et voyageurs en périls de mort, au grand et manifeste dangier de la propre vie d'yceulx personnages évangéliques, nous voulons et requyerons que vous ayez à traicter honorablement et fabvorablement les chanoynes de la beniste Maison-Dieu du Mont-Joulx, leurs familliers, leurs amys, et ceulx de leurs envoyez qui voudront arriver jusques à nous ou sortir de nostre Duché. Vous mandant et ordonnant que vous ayez à les presserver, deffendre et guarder soigneusement contre toutes sortes d'embusches ou vexations, vyolences ou aultres empeschements à ce contraire.; vous ordonnant l'observance de nostre dict bon voulloir pour mieux participer à la mercy de Dieu nostre Sire, et pour afin que puissiez vous conseruer et maintenir en nos bonnes grasces et nostre affection. Donné sous nostre scel en nostre chasteau magestral de Chastillon la vigille de la saincte Espiphanie, l'an du salut 1253.

LETTRE

DE HUMBERT DE FAUCIGNY SIRE DE LUCINGE

A PHILIPPE-LE-HARDY, ROI DE FRANCE.

(Mss. Mss. de Gaignières, à la bibliothèque du roi.)

A tree ault tree noble et redoubtez phelippes par la grace de dieus roix de france humbert sire de luxinge de faussigny seneschal tree chier sire sapchiez ke au mez priz de uos solemnez messaige biatrixe delphine de uienoy et dame de foucigny tot jors debtienct a grant inequitable uiolance meas terres de fistern et stesia et aultres myens hieritaiges amendant nasvrant et mortrissan mes paupures subjects, et ueult en pluz moy contrainctre a elle estre soubmis come estant son home et uassal dont suy sy dolent ke ne pouroye le estre pluz a neul maleheur quy me poeust ad uenir uos prye me substenir contre la dicte biatrixe por my delieufreet delayssee meas terres et seigneourie en franchize accousteumee come appartienct an justice..... perpectue firmaties volliez my baillier salue guard sapchiez que suy prest a mettre myan corp et tote ma terre en uostres mains tree chier sire por iceulx comandee ault et baz a uostres bons plazir et uoluntee tot jors appareillez ke suy je a uostre comandement et fayre sur ce et aultre chose a uostre bon uolloir escript an meon chastel de luxinge le huictiesme de apuril presante ma dame et maere elienor ke dieux guarde et por ne estre an aage de avoir fact ou prez moun parsonel et particolliez seel ma dicte dame o cy fact assigneez li sceel a fust nostre seigneor guilhaulme, meon deffunct paere a quy diex accord la pais et jubilee del benoict sian paradix. †

A Très Haut, Très Noble et Redouté Phillippe, par la grâce de Dieu, Roi de France, Humbert Sire de Lucinge et Sénéchal de Faucigny. Très Cher Sire, sachez qu'au mépris de votre solennelle intervention, Béatrix Dauphine de Viennois et Dame de Faucigny détient toujours plusieurs terres de mon héritage, et notamment celles de Festerne et de Stésia, avec une violence inique, elle impose des amandes, et nâvre et fait mettre à mort mes pauvres sujets; et de plus, elle me veut contraindre à lui être soumis à titre de Vassal, (ce dont je suis affligé comme de la plus malheureuse chose qui pût m'advenir). Je vous prie de me soutenir contre la dite Béatrix, afin quelle délivre mes terres et quelle y reconnaisse mes droits en seigneurie suzeraine, ainsi qu'il m'appartient d'après la coutume et la justice......... perpétuelle assurance. si vous voulliez m'en donner sauvegarde, sachez qu'étant disposé à vous obéir en toute chose, je suis prêt à mettre mon corps et mes terres entre vos mains, Très Cher Sire, pour que vous en puissiez disposer de toute manière à votre volonté et selon votre bon plaisir. écrit en mon château de Lucinge, le huit avril, en présence de ma Dame et Mère Elienor, que Dieu conserve! Et n'étant pas encore en âge d'avoir pu faire opérer le sceau qui doit m'être personnel et particulier, ma dite Dame a fait apposer ici le sceau de notre Seigneur Guillaume mon défunt Père à qui Dieu veuille accorder la paix, avec les joies de son saint paradis. †

LETTRE DE DÉFFI

OU

DÉCLARATION DE GUERRE A LA VILLE DE FRIBOURG,

PAR

JEAN DE FAUCIGNY-LUCINGE,

SIRE D'ARANTHON ET DE BRISON.

Pour havoir occyz noble onorez del Champier mon home et loe debtentre le syen contretouz droict pour havoir sakagiez meztairres et otresmant offanduz moy Jehan de Lussinge sire de Aranthon, Brizon et numbres aulxtres an Vauldois Faucigny et Suyts je havez deffyez Ghuyghe de Collgney et poer que voes outres borghoys et manents de Friborgk avetz prigs party del dict Ghuyghe de Collgny vouz poursieuraye en voz tairres et byens et vye vous moignast guerres a mort a feux a sang et pluz que male sauroye je sapchiers que ne vouz coyntrayx et honques me ne solast pour tradectre diex voes peugnice et me assizte come aparteigne o luy soubvering et droicteuriez iustitiez.

Pour avoir fait mourir Noble Honoré du Champier, mon Feudataire, et pour détenir ses biens contre toute justice, pour avoir saccagé mes terres et m'avoir fait diverses autres offenses : Moi, Jean de Lucinge, Sire d'Aranthon, Brison et grand nombre d'autres lieux aux pays de Vaud, de Faucigny et de Suisse, j'avois défié Guillaume (ou Hugues) de Coligny, et parce que vous autres bourgeois et manants de Fribourg, avez pris parti pour le même Guillaume de Coligny ; je vous avertis, pour que personne ne puisse me nommer traître, que je vous attaquerai dans vos biens et votre vie, vous déclarant guerre à mort, à feu et à sang, avec tous les autres maux qu'il me sera possible de vous causer. Que Dieu vous punisse et m'assiste, comme il lui appartient de le faire, étant la droiture même et le souverain justicier.

LETTRE DE JACQUES DES URSINS,

PATRIARCHE D'ANTIOCHE,

A PHILIPPE DE FAUCIGNY-LUCINGE,

SEIGNEUR D'ARANTHON ET DE BRISON.

Tres cher Seigneur et frere en Ihesus Christ, nostre saulveur, vous plaize sçavoir que aprez longs debatz, labeurs, solicitudes et diligences en la prosecution de la paix et vnion de Notre Mere la saincte Eglise; il a pleu a Dieu nostre Createur eslargir sa Grace à son Peuple longvement agisté par le schisme et diuision qui a esté comme sapués, depuis dix ans en la Christienté; et tellement que moyennant ycelle Grace et par la prosecution du Roy de France, nostre Seigneur, le Pere de Monsieur le Duc de Sauuoye naguerес appellé le Pape Felix, et de present nommé Monsieur lEuesque de Sabine, primier Cardinal de la saincte Eglise et Legat du sainct Siege Apostolique, en grante humilité, liberalement et solempnellement, a renoncé audicts tistre et possession que il pretendoist avoir en la dignitez Apostolique, laissé et desposé les enseignes et habits dycelle; et ceulx quy se disoyent tenir et celebrer Concille en ceste cité de Lausanne, translaté de Basle par eulx en ceste dicte cité, se sont dissoluts, et tous vnanimement ont faict obeyssance à Nostre sainct Pere le Pape Nicholas V, en le recognoyssant vray Pape et vnique Vicayre de Nostre Seigneur Ihesus-Christ. Le tout par bons, iustes et saincts moyens, à lhonneur de touts, sans confusyon de personne, a la serenation de toutes les conscyences, ainsy que au byen et briefve reformacion de lEglise de Dieu, comme aultresfois plus particuliairement povrés sçauoir. A tout considerer les matieres et la qualité des personnes, et la forme de fayre et les circonstances des chauses ; cest euidemment œuure diuyne et non pas humaine, en laquelle le Roy notre Souuerain Seigneur a acquis gloyre, honneur et hault renom par toute la Christienté. Si deuons en loüer et remercier Nostre Benoist Saulueur, quy telles et sy grandes graces a faict a nous. Pour la particuliaire affection qui vous est deue par le sainct Siege Appostolique, vous donnons advis de cet heureux avennement, Tres Cher Seigneur, et veuillés en tant que en vous est, pour recognoistre cettuy singulier Don de Dieu, ordonner et disposer de le faire regracier et pryer en toutes les Eglises de vos estats, ainsy que votre Seigneurie Tres Illustre saura sen adviser, comme en tel cas vous appartient. Escript à Lausanne, le xx. iour d'Apvril M. CCCC. XLIX.

Vostre tres humble et affectionné frere en I. C.

✝ JACQUES Patriarche d'Anthioche,
Euesque de Poyctiers.

LETTRE DE CHARLOTTE REINE DE CHYPRE

A ÉTIENNE DE FAUCIGNY SIRE DE LUCINGE.

Charlotte, par la grace de Dieus, Royne de Hyerusalem, de Chypre et dAremenye,

Nostre chier Cousin et feal conscillier, vous remercionz grandemant pour les paynes que prenez et avez prise pour la poursieute de mon droict et le servyce de mon redoubtez seigneur le Roy mon mary, combien que poeu de faict a esté jusqua maintenant, toutes fois il ne est pas advenu par faulte de vous, car nous sçavons que havez mitz en aduant corps et byens pour nous servyr et esperons que Dieu nous donra sa grace pour le povoir recognoistre a vous et aux vostres. Nous escrivons pluz au long et largement à mon seigneur nostre pere, et pour la confiance que il ha en vous, sommes certaings que serez du tout byen informez. Si, vous prions que le volliez solliciter por nous assister suffisamment. Nous preignons en temoins Dieu et nos barons que havons faict le possible et plus que femme de nostre asge et nostre estat ne ha jamez faict; se ceulx quy nous doybve ayder et fabvoriser nous abandonnent, Dieu y mectra tel remede come a luy playra. Vous prions quil vous playse salver de nostre part notre cousine la dame de Lussinge, et se chose voulez que puissyons fayre pour vous, nous le ferons de trez bon cœur, avec l'ayde de Dieu quy vous aye en sa saincte guarde. Escript a Mentua le XIV iour dagouste M. CCCC. LXII.

ΡΕΓΙΝΑ ΚΑΡΛΟΤΤΑ.

Et plus bas : Φιλεμωνος.

LETTRE DE CHARLES-LE-TÉMÉRAIRE,
DUC DE BOURGOGNE,
A ODON DE FAUCIGNY-LUCINGE-D'ARANTHON,
VICOMTE DE GENÈVE.

A nostre tres cher et bien amé Cousin le viscomte de Genesve, nostre cher et grant amy.

Tres cher et amé Cousin, Nous avons nouvellement entendeu que aucuns nobles et puyssants hommes du pays de Sauoye se mettent suz et font assemblee de gens darmes, dont, pour la bonne amityé que avons tousiours eu et avons encore pour vostre dict pays de Sauoye et pour certains nobles hommes d'icelui pays, uous remonstrons, priant considérer que ny a neulle guerre audict pays, et que la, dieu mercy, tout est de presant en bonne union et tranquillitay. Pour ce, que serions tres dezplaisant des dommaige et inconuenient survenus au dict pays de Sauoye, et singulierement a uous, tres cher et amé Cousin, lequel auons en tres especiale et cordiale affection, Nous escriruons doncques par deuers uous, en aduertissant que feriez byen de remonstrer et doner à congnoistre à touts ceux desdicts nobles de uostre lignage ou de uostre amityé que en eux mettant suz comme ilz font, pour aller guerroyer, nuysre et adommager notre Cousin le Duc de Bourbon et dAuuergne, nous doubtons quil y en aura plus de mal contents que de bien contents, et que aduant que ils se despartent hors de leurs pays, ils feroient bien de prendre bon aduis, saiges conseils et meure desliberation.

Tres cher et bien amé Cousin, sy chose aulcune voulez que puyssions, en nous la signifyant nous la ferons de tres bon cueur et grant amitié, pryant nostre seigneur que vous mainctiene en sa saincte guarde à Bruxelles le 15 iour dapuril 1464 (aduant pasques).

CHARLE.

LETTRE DE SAUVEGARDE

ACCORDÉE PAR LE ROI LOUIS XI

A FRANÇOIS DE FAUCIGNY-LUCINGE,

COMTE DE BRISON.

Nous, Loys, par la grace de dieu, roy de france, promectons en asseuree franchise et parolle de roy trez chrestien a notre cher et amez cousin françoys de lucynges comte de brison, de soubstenir, garder et deffandre avec luy ses enfans, parents, hieritiers, chasteaux, pays, saigneuries, terres, sarvicteurs et vassaulx, contre et envers touts qui le vouldroient offendre, et mesmement contre les ducs de savoye, de bourgongne, et generallement touts ceulx quy se vouldroyent efforcer de luy troubler et empescher en la jouissanse et regiement de ses dictes seigneuries, quantes et les droicts dicelles, comme est appertinent a nostre susdict amez cousin. en tesmoing de ce, nous avons les presentes signez de nostre main, et fait seeller de nostre seel au plesseyx du parc lez tours, le III^esme^ jour de juyn, lan de grace M. CCCC. LXXVI. et de nostre regne le XVI^esme^.

LOYS

DE PAR LE ROY

messieurs de beaujeu, de dunoys, le bastard de bourbon admiral de france, le sire de preuilly, le sieur dargenton et aultres, presants.

LETTRE
DE CLAUDE DES ALYMES DAME DOUAIRIÈRE DE LUCINGE AU PAPE LÉON X.

Ainsi qu'elle se trouve aux procès-verbaux de la canonisation de saint François de Paule.

Tressainct pere,

Je me recommande a vostre beatitude en vous pryant moctroyer vostre paternelle et sacree benediction. parceque monsieur larchevesque de lyon, comme aussy monsieur levesque de bellay mavoyent envoyez messages et mont escript depar monseigneur le roy de france, au subject de la cannonizacion du bienheureux pere francois de paule, fundateur de lordre des freres minimes, a fin que je veulle baillier tesmoingnage sur la sainctete de sa vie et myracles qui seroient advenus daprez sa mort, et que jen escrive a vostre beatitude : je diroy doncques primierement au regard des myracles que je nen sauroye parler preudament pour nen avoyr point veu de mes yeulx jusqua icy; ains, pour la tressaincte vie diceluy bienheureux pere, estant particulier amy de monsieur mon père, et que mesmes ayant vescu pour du temps a pluzieurs foix en nos chasteaux des alymes et de chasteaublanc en bugex, jen puys et doibs jurer sur les saincts evangilles de dieu, comme estant le pluz saige et doulx, sapient, edifianct et celeste personnaige a quy le tout puyssant nostre beny saulveur, et vous tressainct pere, puyssiez octroyer la gloyre des saincts. je prye nostre seigneur quil vous preserve longues annees au regisme et bon gouvernement de son eglise, et par ainsy, pouvoyr prosecuter et desterminer une œuvre sy bone et sy devotieuse comme la diste cannonizacion. et me permistant bayser humblement vos pieds sacrez, tressainct pere, me resputer en vos prieres et benedictions pour vostre tres humble, tres soubmize et tres devote fille,

Claude des alymes dame dovagiere de lucinge.

Au chasteaublanc en la diocese de bellay, le troixiesme daoust m. c. xvi.

LETTRE DU DUC DE SAVOYE

CHARLES-LE-BON,

A BERTRAND DE FAUCIGNY, SIRE DE LUCINGE.

A nostre tres cher et bien amé Cousin, le Sire de Lucinge.

Tres cher et bien amé Cousin, au subject des affayres survenues du costé de nostre pays de Savoye, ensuitte des revolte et meschants projects des bourgeois de Genesve et de Lauzanne, dont il pourroist byen sourdre fascherye entre nous et messieurs des Ligues, avons esté dadvis de passer les monts a ceste fin de mettre bon ordre a la seureté de nosdits estats, et dez ja vous debvez en estre adverty par mes cousins levesque de Genesve et le mareschal de Savoye; neantmoins pour ce que vous estes des plus grands de nostre pays, et de famille en qui nous auons plus de fyance et damitié, suyvant le train de messeigneurs mes ancestres, lesquels ont touiours trouvez les vostres, amys et parents enclins et affectionnés a lhonneur et accroissement de nostre maison, comme est apparu de beaucoup de biens, de grants et de riches pays, de nobles, grants et loyaulx seruices, dont il est et sera tous jours memoire au grant honneur de vos ayeulx et de leur posterité; a ces causes, nous vous avons voulu nous mesmes advertir de ceste affaire qui nest de petite importance, comme le jugerez assez de vous mesme. Esperant si le cas est requist, de vous y voir employer volontiers a tout vostre pouvoir, bien asseuré que vous continuerez a nous rendre notables et grants seruices. Vous disant a Dieu, tres cher et bien amé Cousin, et priant iceluy nostre seigneur quil vous veuille avoir en sa saincte garde.

De Chambery, le 30 de janvier 1518.

CHARLE.

Et plus bas : ARBELESTA.

LETTRE DE L'EMPEREUR CHARLES-QUINT

A AMBLARD DE FAUCIGNY,

PRINCE ET COMTE DE LUCINGE.

L'EMPEREUR,

ROY, DUC ET COMTE DE BOURGOGNE.

TRES CHER, FEAL ET BIEN AMÉ, considerant comme il se doibt les differents qui se sont esmeus, se continuent et pourroient sesmouvoir encore de plus fort, entre nostre Cousin le Duc de Savoye et les gens de la ville de Geneve, au moyen desquels differents sen sont ensuyvis et sensuyvront sil ny est pourveu, de grands et notables inconvenients, tant ence qui concerne la foy, la reverence de leglise et lobeissance due a icelle nostre saincte mere, que tout aultrement au regard de lempire et du costé des ligues de Suysse, nous avons fait cognoistre a nostre Cousin lEvesque de Geneve quil nous paroistroit sage et prudent quil eust a delaisser et remestre son dit evesché au profict du second filz de nostre Cousin le Duc de Savoye, pour que ceux de la cité de Geneve nayent le proiect destre fabvorisez par le successeur du present Evesque, et quiceluy par mort fortuite ou autrement ne puisse non plus delaisser son siege a tout aultre quy pust estre mal agreable a nostre dit Cousin de Savoye. A cette fin, nous avons, sur le propos des conditions en accommodement de la dite remise, escrit a nostre tres cher et feal le Mareschal de Bourgogne, ainsi qua notre cher et feal le Comte de Mont Revel, pour quils veullent entrer en pourparlers avec lEvesque de Geneve, et nous avons sceu par eulx quils vous comptoient demander vos bons offices auprez de nostre dit Cousin de Geneve. Ayant lappaisement des differents susdits grandement a cœur, tant pour lamour de nostre religion, que pour celuy de nostre Cousin le Duc de Savoye et la Duchesse sa compaigne, nostre bien aymée belle-sœur, tres affectueusement vous recommandons, et de plus vous requyerons et ordonnons bien expressement, comme fidele subjet à lEmpire, que sitost que le pourrez sans incommodité, vous en escriviez ou parliez auxdits Mareschal et Comte, et par ensuite au susdict Evesque de Geneve, ainsy quil vous paroistra le mieulx convenir au bien de laffaire et la satisfaction des deux partys, usant envers chascuns de vostres sapience et prudence accoustumées. A tant, TRES CHER, FEAL ET BIEN AMÉ, Dieu vous aye en sa saincte garde.

Escrit à Reghesborg, ce 6 juin 1532.

CHARLES.

Et plus bas :

PERENNG.

LETTRE DE HENRI III,

ROI DE FRANCE ET DE POLOGNE,

A RENÉ DE FAUCIGNY-LUCINGE,

SEIGNEUR ET BARON DES ALYMES,

CHEVALIER DE L'ORDRE,

AMBASSADEUR, GRAND RÉFÉRENDAIRE ET GRAND MAITRE DE SAVOYE.

Mon cousin, je veus encore escrire a vous particuliersment, veu la plene comfiance que jay en vostre affection pour moy, comme ainsy pour le triumphe de la foy et labaissement de ses ennemis. Je croy doncque et veus croire en la vraye amytié de mons[r] mon frere le duc de savoye, et me croy devoir non moins comfier en vos propres aduertissements : toutes foys, aquoy bon serviroit ce mandement quil voudroit de moy, sy cest quil me voudroit presseruer mon marquisat de salusses, on jusquecy, que je sache ou puisse sapvoir, il ne sest passé neule chause contre mon service, ayant suject pour advouer le sieur de briquemaux sur ce quil a creu devoir faire en ces derniers temps? pour tant, je verray ce quil vaudroit mieux a faire en deffyance de lesdiguyeres et ceulx de la relijion, et my dessideray. mon frere et cousin le roy de nauarre a deu vous escrire ou parler au regard de la valette et du sieur de ramefort; et neantmoins depuits larrivée de ce page, il na rien plus seu de chasteau daulphin que ne sachionz vous et moy. ne croyez point que cette affaire est le cadet de mes soulcys, et laissez moy vous dire (en familliер) que cest perdre ses paines et pleumes a mon frere de savoye que de mescrire et vouloir aisgrir contre cette famme dangleterre, laquelle je hayts desia plus que la mort, la tenant et resputant, comme il se doit, pour vraye fille denfer, creuelle et sanguynaire aultant que les tyrants payens tiberius et nero : ignoble de race, inexhorrable, impie, folle et superbe hereticque, et dampnée bastarde que dieu veulle tirer de cette terre, ou fait mil maux depuits pluz de trente ans ; martyrisant les fidelles chrestiens, et respandant le sang royal, avecque celuy de ses galants et aultres, come a plaizir ; en voullant sembler me faire services, elle ajist en trahyson dans mon royaulme et sur touts mes sujects, et jusqua mes pluz proches et familliers, tellement que jen ai le caz de conscience, et par fois je nay peu meriter destre absollu et benit pour mes peschez de cholesre et soif de vendiquation contre cette meschante reyne. Ne manquez je vous prie a bien faire connoistre a nostre sainct pere le pape et a mon frere de savoye en quelle extresmites et tribullation je suis contrainct, et vous laissant a deliberer avec mon chancellier pour le surpluz, je prie dieu, mon cousin, quil nous veulle assizter et vous tenir en sa digne et saincte guarde.

A bloys, le 12 mai 1588.

HENRY.

LETTRE DE HENRY IV

ROI DE FRANCE ET DE NAVARRE,

AU MÊME

RENÉ DE FAUCIGNY-LUCINGE, BARON DES ALYMES,

AMBASSADEUR ET GRAND MAITRE DE SAVOYE.

Mon cousin, vous avez espreuvez des ja que je risqueroye plutost ma vie que de fayllir a lobservation de ma parolle. au regart de mon frere le duc de savoye, vous savés que jay fort et ferme embrassé son amytié sitost que jay cogneu quil avoist desirez la myene, mais vous sentez quil en doibt estre usé justement et pareillement auecques moy. aprez avoyr accordé chasqun des articles qui fusrent traictez a bourgoing entre les gens de vostre costé de sauoye et le sieur de sillery, on me vient remonstrer au jour dhuy des observations sur roque parvyere, et des diffiqultez sur le cental et sur barcelonette et sur beche daulphin dont il ne fust alors neule question. vous sentez aussi que, pardieu ! je ne sauroys acomplir ce que jai promy, sil ne doibt estre satisfait aux promesses que jay ressue. ainçois, je nen diray dauantage apresent, voullant men raporter a vous afin quau plus tost faciez cognoistre a mon dit frere de sauoye combien il me plairoist vivre en paix et bone intellijence avecques lui : vous demandant lui voulloir escrire a ce propos dicelles difficultez en brief delay, et priant dieu, mon cousin, qu'il vous ayt en sa saincte garde, au louure le dixieme dapvril.

HENRY.

LETTRE DE HENRY IV

A RENÉ DE FAUCIGNY-LUCINGE

BARON DES ALYMES,

AMBASSADEUR ET GRAND MAITRE DE SAVOYE.

Mon cousin, mayant demandé de vouloir mieulx refleschir a tout ce que vous mauez dict et redict de part mon frere le duc de sauoye, a celle fin destre bien asseuré de mes fermes intentions et den pouvoir esclaircir mon dit frere, je nay vouleu differer dauantage, combien que je doibve estimer la chose superfleue, pour men estre desja souuentes fois expliqué, tant avecque vous, quavecque le commandeur de berthon et aultrement. je vous repeteray, pour la derniere fois, que je trouve mon honneur et mon royaulme interessés a recouurer mon marquisat de saluces, et primierement a la reconnoyssance de mon droict sur le dict marquisat. je nay jamais poursuuiy que ce quy mapartenoit et ne pouvoit mestre desnié justement, et je ne sauroye voulloir entendre a aulcune autre ouuerture daccord, sanz offenser ma resputation, laquelle mest plus chesre que ma vye. je ne puits doncques entrer honorablement et dignement en traicté sans la reintegrande en iceluy mon estat de saluces, attendeu le fonts et la forme de la spoliacion, faitte en temps de paix, sur un prince mon parent proche, et predecesseur a ma couronne, et bienfacteur de la mayson de sauoye, lequel estoit pour lors sur chargé daffayres et dafflictions en son royaulme, et sous preteste de luy faire seruices, ainsi quil est trop bien prouué par les lettres du duc de sauoye a mon dit frere le roi Henry troixiesme. quant a debattre et voulloir contester mon droict sur ledit marquisat, cest proprement chercher querelle auec moy, et sans rayson voulloir donner des embarras inutiles a nostre sainct pere le pape, qui se veut bien employer a nous moyenner et mesnager en accomodement. euitons, croyez moy, telles contestations pour toutes les sortes dinconuenient qui en peuuent aduenir. la justice de ma cause me doit fermement asseurer sur lyssue dicelle, ainsi que de toutes les aultres que jai eues a demesler, et dont la protection de dieu ma faict sortir a mon honheur. faites doncque que mon frere de savoye me rende le mien, afin quil retrouue le sien que je garde, et que nous puissions vivre en bons voysins, freres et amys. en tous les caz, je vous prie de leuer toutes les esperances que lon pourroist luy avoir données contrairement a mes intentions, dont je ne me relascheray jamais d'un seul point, comme je lavois desia dit a vous et au commandeur de berthon tout ouuertement et trez asseurement. par tant, je vous prieray vous en contenter, sans attendre de moy ni rechercher neul aultre sorte daccomodement sur ce faict, et je prie dieu quil vous ayt, mon cousin, en sa saincte garde.

Escrit au haslier, le seiziesme de juin 1599.

HENRY.

Et plus bas :

DE NEUFVILLE.

LETTRE DE HENRY IV

AU GRAND PRIEUR GEORGES DE FAUCIGNY-LUCINGE

GOUVERNEUR DE LA FORTERESSE DE SAINTE CATHERINE.

Mon Cousin, esperant avoyr bientot rayson de la place que vous gardés, ie vous veux faire connoistre lestime que ie fais de ceux qui vous ressemblent en qualité de vertu et valeur, et vous tesmoigner ma bonté en vous conuiant de traiter auec moy dune chose qui ne me peut fuyr avec le temps, soit que la guerre continue, ou que la paix se fasse; Car si vostre Duc na peu secourir le Chasteau de Montmelian, auquel, par la capitulation, jauois accordé un mois de temps pour lui donner loysir de le faire, comment pourroist il maintenant vous délivrer de la necessité en laquelle vous estes réduict, par les auantages que loccupation du Pays et des passages des Riuieres ma donné sur lui auec mon armée qui nest pas moins puissante, ny plus mal conduite que la sienne, Voila quant a la guerre; Pour le regard de la paix, du bruit, et lesperance de laquelle ledit Duc console, et entretient ceux qui le seruent, ce nest pas un œuure qui se puisse faire en peu de iours, peut estre auriés vous attaint lextremité de vos viures auant quelle fust esbauchée, jay demandé raison audit Duc de plusieurs pretentions bien fondeez que la couronne de France a sur les pays quil me retient, lesquelles ne seront pas vuidees assés tost pour vous tirer de peine; Dauantage, quand bien ie me contenterois de traitter seulement du Marquisat de Saluces, ledit Duc offre desja de me laisser la Bresse pour partie de recompense diceluy, Quoy estant vous amanderés grandement vostre condition, si des a present vous voulés traitter auec moy, et me contenter; car ie vous donneray occasion de vous louer de ma bonté. Vous aués fait iusques a present tout ce quun Gentil homme dhonneur et de courage peut pour deffendre et conseruer cette place, ayant en ce deuoir surpassé tous les austres en pareille charge. Nul nest obligé a faire limpossible; cest la necessité des uivres et des autres choses qui defaillent qui vous donnent la Loy, auec le peu dapparence quil y a maintenant desperer, que uous soyés secouru. Resolués vous donc de faire ce que vous ne pouués euiter, vous y estes conseillé et conuié par un Prince qui fait profession de gloire, et daymer, et destimer les gens dhonneur; si vous considerés lestat particulier auquel vous vous treués, et celui auquel les affaires de vostre pays sont réduites, vous ne perdrés cette occasion dassurer vostre resputation, vostre personne et vos biens, estant certain si uous la reiettés que vous ne pouués eviter desprenuer les rigueurs de la guerre que meritent ceux qui attendent que la derniere extresmité les reduise a la mercy de leurs ennemis. Que ie sçache donc vostre deliberation par le retour de ce Trompette que ienvoye expres deuers vous auec la presente pour me la rapporter, et la dite lettre nestant a autre fin; sur ce, je prie dieu, mon Cousin, quil vous ait en sa saincte garde.

Escrit à Annessy, le 3 novembre de lan 1600.

HENRY.

Et plus bas :

CRILLON.

RÉPONSE DU GRAND PRIEUR DE LUCINGE

AU ROI HENRY IV.

SIRE,

Lorsque Monsieur le Duc de Sauoye ma donné cette place en garde et gouuernement, il a deu croisre quauant dy laisser entrer VOSTRE MAJESTE, il my faudroit enseuellir. Sil mest une pensée daffliction, cest de nauoir peu uous en donner de plus fortes preusves, en y soustenant dauantage encore leffort de uos armes, et surmontant de plus grandes necessitez que celles ou uous me jugez reduict. Pour aultres obligations de mon ordre et non moins importantes a lestat de sauoye, il me faut remettre la deffence et commandement dicelle place a mon lieux tenant, lequel naura pas dautres conduite et sentiments que les miens. Je supplie VOSTRE MAJESTE me uouloir tenir pour estre touts jours passionnement, son trez humble et trez obeyssant seruiteur,

du 6 nouembre 1600.

GEORGES, G. P.

LETTRE DE RENÉ DE FAUCIGNY-LUCINGE,

BARON DES ALYMES ET GRAND MAITRE DE SAVOYE,

AU SIEUR D'ALBIGNY, LIEUTENANT-GÉNÉRAL

ET CONSEILLER DU DUC DE SAVOYE CHARLES-EMMANUEL.

Monsieur, en m'escrivant pour avoir de moy les lettres patentes et closes, avec les instructions de Son Altesse de Savoye sur le subject de la paix de Lyon, que j'ai négociée, poursuyvie, parfaicte et signée pour elle, vous adjoutez que le Duc a trouvé dans ladicte paix quelque mortification pour sa gloyre, avecque un grand inconvenient et mesavantage a sa puyssance, en contradiction de ses volontez; comme aussy quil en avoit conçeu de lamertume et du mezcontentement contre moy. Je dois respondre a ceci que sy tost aprez la prise du chasteau de Montmelliant, le Duc m'avoit donné le commandement de conclure la paix, sous les conditions accordées par Monsieur le Legat du Pape et l'Ambassadeur du Roy catholique; encore que j'ai delayé pour en avoir un ordre plus exprez, et finallement que par sa lettre du 8 janvier, il m'a baillé la dicte ordonnance de signer au plus tost sans aulcun nouveau retardement. Pour estre deveneu suject au Roy et Couronne de France, à raison de mes terres aux pays de Bresse et de Bugey, quy sont eschangez avec ladicte Couronne en vertu du mesme traicté; et sur toutes choses, a raison de pareille injure a ma prudence, ou ma resputation de loyauté se trouve engagée, je veux presentement garder les dictes instructions et lettres, et me sauray pour le restant de ma vie garder de Monsieur de Savoye. Voulant respondre au plus long sur les pretendeus inconvenients ou mezavantage dont vous parlez, jen diray largement mon advis comme il appartient à moy, et jenverray sous peu ma dicte response à Son Altesse quy ma brisé le cœur. Toutes fois, me semble, Monsieur, que dans vostre lettre il y a telles choses de vostre chef, que toute personne au fait des dictes négociations ne sauroist sestre miz en teste; lorsque le Sieur de Rosny dict a nous que sy la paix estoit bonne a faire avant la ruyne et desmollition du fort saincte catherinne, elle nestoit pas moins bonne aprez, pour ce que le fonds sur lequel estoit bastie ladicte forteresse demeurant a Monsieur de Savoye, il la pourroist toutsjours edifier et fortifier de plus belle avec cinquante mil escus; et ce pendant mes confreres en la negociation, le Cardinal Aldobrandin, le Comte de Fuentez et celuy d'Arconast ne luy sceurent bien respondre ni moy non pluz, et si vous a nostre place, aviez voulu diserter sur le mesme article, il est a craindre quauriez trouvé plutost des paroles que de bonnes raisons : ce nest pas mon faict, et l'on trouvera jespere auttre chose en lacte dapologie que je dois pour mon honneur rendre public; voulant rester a toujours, Monsieur, vostre trez humble serviteur,

Des alymes le 22 febvrier.

LUCINGE.

LETTRE DE HENRY IV

A RENE DE FAUCIGNY-LUCINGE,

BARON DES ALYMES, ETC.,

Après sa rupture avec le Duc de Savoye.

Mon amy, apresent que vous etes deuuenu mon suject, je vous pourray parler suyuant ma pensée, et la conduyte de monsieur de sauoye a vostre endroict mauroist estrangement esmeruueillié si je nestois un vieil chasseur quy connoys les ruses du regnard. je comprendt que ne soyez neulement esmeu de son desportement et dezplaysir pretendeu sur le fait de la paix quauez signée, tout le monde sachant que nous nauez en ce rencontre agy quaveq son adueu par son exprez comandement, et quaussy, durant toute vostre uie, en toute chose de son seruice, il avoist ordinaire de se rengorger de vostre vertu, en vous regraciant pour votre preudence et fidellité. il ne me conuient pas chercher a vous reconforter, sachant que vostre cueur est la, mais je vous puys afirmer quil nen sera pas de vostre nouvau maistre tellement que de lancien. mon amy, entre veritables gentilshomes de la vyelle roche ainsy que vous et moy, il ne sauroist estre parlé dargent pour lessenciel, mais je vous veulx asseurer toutes fois, que sy je pouvoye scavoir quen soyez jamais a dezcouvert et dezpourveu, je vous sauroye bien forcer en ce retranchemant la, quy devroist estre le dernier entrenous, vous estant doné a moy come lauez bien voulu faire. je suys et resteray toute ma vye (et veritablement, entendez vous?)

Au bois de uincenne ce 14 julliet.

Vostre bon amy

HENRY.

PROCÈS-VERBAL

DU HÉRAULT D'ARMES CHABLAIS,

TOUCHANT LES SOMMATIONS QU'IL ALLA FAIRE

A RENÉ DE FAUÇIGNY-LUCINGE

BARON DES ALYMES,

AU NOM DU DUC DE SAVOYE.

JE, Herault darmes du tistre de Chablays, envoyez de par TRES HAULT, TRES PUYSSANT ET ROYAL PRINCE, CHARLES EMMANUEL, par la grace de Dieu, DUC DE SAVOYE, ROY DE CHYPRE, HYERUSALEM ET ARMENYE, DUC DE CHABLAYS, DAOUSTE ET DE GENESVOIS, PRINCE DE PIEDMONT, DACHAYE, DE LA MORÉE, DONEILLE, ET COETERA. MARQUIS DITALIE, DE SUZE ET DE SALUCES, COMTE, BARON, ET SOUVERAIN SEIGNEUR DAST, DE GENESVE, DE NYCE, DE TENDE, DE ROYMONT, DE GEX, DE VAUD, DE FOUCIGNY, DE VERCEIL, DE FRIBOURG, ET COETERA, ET COETERA. PRINCE ET VICAIRE PERPETUEL DU SAINCT EMPIRE ROMAIN, ET COETERA, ET COETERA, ET COETERA. Ce jour dhui quatriesme jour de mars, an lan mil six cent deuxiesme de lincarnation nostre Seigneur, et du regne de mon Seigneur de Savoye le vingt deuxiesme. Suis arrivé devant la porte Majeusre et le pont du chasteau des Alymes, accompagné de quattre chevaulcheurs, scavoyr deux Escuyers et deux Trompettes, et sur le pont, ayant revestu la thunique darmes aux blazons de son Altesse Royale de Savoye, et tout a cheval, ayant aux deux costés, dextre et senestre, les deux escuyers, la teste nüe, soubtenants les rebords dicellé thunique, et pour lors que les deux trompettes eusrent sonné par troix fois, jai dict a voix haulte et fortement intelligeable,

De par nostre Seigneur le Royal Duc de Savoye, nous venons pour sommer Messire René de Lucinge, Seigneur Baron de Ceans et aultres Seigneuryes, tant aux pays de Savoye quaux terres de lEmpire et de France, Chevalier de lOrdre, Conseiller dEstat, Grand Maistre et Grand Referendayre de son Altesse Royale, aultresfois son Ambassadeur en cour de France, et cœtera, et cœtera; pour quil ait a comparoir le jour unziesme de may prochain par devant nostre dict Seigneur ou ceulx de son conseil de Savoye, a cette fin dy respondre et rendre rayson sur aulcuns griefs impustez a luy par suffysants tesmoignages, adjoustant que pour deffauct de ce faire il sera poursuivy comme rebelle et ses biens saizis sans aultres advertissement ou monition diceluy Duc nostre Souverain Seigneur, que Dieu guarde a tout jamais !

Et la, sousvrit la porte Majeusre et sortit un gentil homme a Messire René de Lucinge, appellé Noble Jehan de la Versollyere, escorté de plusieurs Escuyers, Hommes darmes et aultres de sa maison, lequel me convya dentrer et ma compagnie, et nous fisrent bonne chere, et nous conduyrent en la grand salle a droicte la deuxiesme cour du chasteau, nous demandant sy desirions aller ouyr le sainct office et adorer le Sacrement en la chapelle, ce a quoy je fis signe de refuts pour la difficultez du comportement, ne me debvant point descouvrir de ma toque et mon chaperon pardeuant le Seigneur sommé quy se pouvoist trouver a siege au dict lieu sainct. Après que nous fust servyé collation et nous estre reputs et raffraychiz, sans avoir respondeu aultrement que par signes de teste a ce peu qui nous fust dict, par les serviteurs dicelui Seigneur des Alymes, le Maistre de lhostel appellé Noble Antoyne Valleton, personnage de grauité et ciuilité signalée, nous vint querir en compagnye de deux huyssiers vestus de velour noir, avec leurs chaisnes dor au col et portant leurs masses dargent sus les espaules, pour que nous allions pour parler au dict seigneur leur maistre, au lieu quil nous attendoist, et nous trouvasme iceluy Seigneur des Alymes en sa chambre assiz, et sans neul salver je fis mon harangue ainsi quil suit :

Hault et Puyssant Seigneur, *celuy quy a faict toutes choses uisibles, inuisibles, celestres et terrestres, celuy quy dispoze le cœur des princes a la gratuité et qui doibt agreer les sujects danz leur soubmission, puysse t il touts jours de pluz en pluz glorifyer son Altesse Royalle de Savoye, par laquelle moy, Chablays qui suis son Herault, je suis enuoyé ceans pour vous sommer et commander que vous rentryez en son obeyssance et vous rendre emprez sanz aultre delay; pour la vous remettre a la merci de sa justice, en vous souvenant des biens exquiz et favœurs que vous a faytes, au point que neul aultre en ses estats ne fust plus advant en son amour et pluz hault en lexercice de son auctorité que ne lestiez et pouuez lestre encore. En oultre, vous sommer et commander a moy bailler, pour mon dict Seigueur le Duc, certaines lettres clauses instructions speciales et aultres instruments de son archiue que vous retennez ou semblez voulloyr debtenir a lencontre du droict de nostre dict maistre et le vostre, estant son suject tout comme un aultre, sy petit quil puysse estre, et sy noble et puyssant que seyez : ainsi de venyr par deuers nostre seigneur, pourceque tel est son voulloir et bon playsir, et notablement, de pluz, pour a luy rendre hommage et fayre adveu de foy, seruices et fidellité pour vos chasteaux et terres du pays de Foucigny que sa dicte Altesse a bien voullu jusques icy vous mesnager et preserver, vous advertyssant quelles terres vous seront saisies et retireez sy vous obstinez contre le dict son mandement exprez. Que parensuyte vous serez et devrez estre poursuyvy par ses justiciers en chastiment et pugnition de rebellion, fraude et deptention deffects royaulx, comme aussi pour injures, oultrages et fezlonye, lequel cas comporte un traictement sy desplorable que je noseroye vous en pluz dire au mesme subject. Vous proposant au nom de mon Seigueur le Duc une lettre de saulve conduicte, patente, et signée de sa main royalle, et scellée de son grand sceel, a fin que vous puyssiez estre, aller, venyr et resister, ou vous despartyr en plaine asseurance au regard de ses loyaulté, franchise et bonne amytié pour vostre persone et ceulx de votre mayson. Finalement, vous citant et adjournant poñr comparoistre en propre personne a Chamberry, par deuant le Noble Conseil de nostre dict Seigneur, pour le unziesme jour du mois prochain de May: le dict ajourement vous estant signifyé par moy, Chablays, soubs licence et permyssion du Baillif de Monseigneur le Tres Chrestien Roy de France en son pays de Bugeix, lequel a dict a moy ne lempescher pour cause de reuerence envers Nostre Seigneur a vous et moy, le Duc de Savoye, Roy de Chypre, de Hyerusalem et dArmenye, que Dieu veulle guarder et glorifyer!*

Sur ce, fust incontinent dict a moy par ledict Seigneur, *Maistre Chablays, voyons vos lettres de creance* : lesquelles je pris en mon seyn, puis ayant osté mon toquest et mon chaperon pour bayser icelles lettres, et moy venant jusques devant le siege dudict Seigneur, il les prist, et par aprez y avoyr considerez le seel de savoye, se leua de sa chaire et mist les lettres sur table emprez de luy, puis sestant descouvert le chef, il salva les dictes lettres avec reverence : alors en fist tout hault la lecteure, et lesquelles lettres navoyent rien de contrayre a ce que javoye predict. Ledit seigneur ensuyte osta de son col le collier de lordre de savoye et layant despozé sur la credence au prez, il recouvrist sa teste et parla danz les termes cy.

Maistre Chablais, vous direz a Monsieur le Duc de Savoye que jabandone a luy mes terres doultre Rosne, sy plaist a luy de sen saizir. il nen sera de beaucoup pluz riche. Jestime a present ne rien avoyr en pays de son obeyssance, et sans faire mez prix de sa seigneurye, je ne veulx ressortir de mes huy que de lEmpereur et du

Roy de France. Mon domicille a touts jours esté ceans comme il est assez conneu de vostre maistre et dun chasquun: mes seigneuryes en ce pays de Bugeix ne relevent que de la Tour du Louure, et je my compte a labry soubs la souveraynetè du Roy, a quy jen ai desja fait adveu, par acte dhommage au mois de decembre dernier. Sy Son Altesse de Savoye mavoist donné des charges et honneurs, cestait peust estre, un bon effect du ressentyment quelle avoit pour mes services, et peust estre aussy par conscience au regard de la duché de Genesvois qui debvroit appartenyr a ceux de nostre maison: je luy veux bien delaysser mes terres de Savoye, avecque mes services et ses offices, ainsy partant quitte avec luy. A propos de ses lettres clauses, javoye desja faict au Sieur dAlbigny ma response, et cest a scavoir que sy je veulx presserver ma resputation, il me fault reserver les lettres de Monsieur de Savoye. Au regard du saulve conduict, que vous diroyje? sinon que de ces trois gentils hommes du pays, qui sont allez par de la sur la foy de leurs saufs conduits, deux ont esté cruellement nasvrez et blessez en lhostel mesme et soubs les yeulx de vostre maistre, et lautre a esté dezcapité bel et bien pour y avoyr creu. Questce a disre, adjourner au consceil de Savoye un sujet Libre de lEmpire et Foydataire de la Courone de france? A quelle personne cuydez vous parler? Et que faict a moy le Ballif de Bugeix que je pourroye fayre chastier sy jen escriuois au Roy? Il me fault changer de propos pour la reverence que je veux garder a la Souveraine personne de Monsieur de Savoye, et pour estre autant que je le suis en lhonneur de sa parenté. Sy quelque aultre nouvelle poursuyte a lieu de son costé, jen sauray faire ma plainte au Saint Consceil de lEmpire, et vous direz par super abundance a vostre maistre que jay saulve guarde de lEmpereur, quy est le seigneur souverain de mon dict Sieur de Savoye. Dieu le conserve et vous conduyse.

Par aprez le dict Seigneur me donna la presente lettre, suscripte comme il se void POUR MESSIEURS DU NOBLE CONSCEIL DE SAVOYE, laquelle estoit desja comme de present clause et scellée dun seel armoyrié, ou jay trez bien reconneu les blazons, gardes, cymier, deuise et cry du dict seigneur. Nous despartis et reconduits avec grand honneur et courtoisie comme a larriuée, par grand nombre de gentilshommes et servyteurs de lhostel, le Sieur de Valleton me bailla un gant senestre du Seigneur son Maistre remply descus dor, nous ayant dict le Sieur de Valleton que telle avoist toutsjours esté la coustume en la souveraine maison de Foucigny, (et mestant doubté que le gant senestre, et non pas dextre, estoit en significance de fascherye contre le maistre de lenuoyé, chose a noter icy pour le proficl et maintient de la noble science heraldicque, et quy ne mestoit apparue danz neul ancyen escript ou par aultre docuement heraldicque jusques ce jourdhuy.) Estant parvenus sur le pont, on treuvasmes les chevaulx, et les aultres de ma compagnie ayant beu, comme on dict, le coup de lestrier, avec les gens dEntre, a grande amytié, preuenance et conuiuialité diceulx, il fust delayssé trez noblement aux deux Escuyers et deux Trompettes quattre haults gobelets dargent ouvragez des armes de Lucinge, en lesquels ils avoyent faict rayson, sanz quil se fust esmeu de porter aulcunes aultres sanctez que celles de lEmpereur et du Roy Tres Chrestien, comme il se conuenoist veu la discordance entres nos seigneurs relatifs, et par aprez, nous ayant cryé LARGESSE, et le Cry de Savoye, ceux du chasteau cryerent BONNES NOUVELLES A LA BONNE VILLE, qui est le Cry des Comtes de Lucinge et mesmement des ancyens Princes de Foucigny suyvant plusieurs. A la fin nous despartimes des terres de France, et parvenus a cettuy lieu de Saincte Catheryne aux terres de Savoye, jay escript ce verbal le VII de mars MIDCII, me recordant des obligation du chrestien, devoyr de suject et foy du serment de mon noble office, pour dire, escrire et tesmoigner la verité en iceluy verbal, que jay scellé de mes armes et signé de mes noms et tistre doffice, les jour et an que dessus et au mesme lieu quil est predict par moy soubsigné,

JÉHAN DU PUY GEOFFROY dict CHABLAYS.

LETTRE DE HENRY IV

A RENÉ DE FAUCIGNY-LUCINGE, BARON DES ALYMES.

Mon amy, je ne vous scauroys apreuver pour le refuts de toute sorte de charges, come aussy la defyance ou vous en seriez pour vostre honheur et resputacion. vous sentez que toutes foys, mon vray amy, si je vous pouuois aymer et pluz estimer que par le passez, ce seroyt le cas; je respondray plus au long a vostre lettre aprez en auoir conferé avec m. de sully quy nest point de present icy. les dames ont trouuay vostre fils ce quil est, cest adyre un jolly garson. vous nauez en verité nul besoing de le recommander ny a moy ny aulcun autre, et je sauroy bien me souuenir de luy, come il vous paroistra sous peu. jay du soulcy, mon amy, chasquun en tient sa partye, mais ce nest pas choses a pouuoir lascher par monts et par vaulx, et je suys du reste en bone sancté pour le corps, ayant un daulphin pour la continuation de ma lignée et perpetuyté de nostre mayson. cest un continuel subjet pour moy de satisfaction et de regraciement enuers Dieu, quy vous veulle garder et preseruer, mon amy.

A fontainebleau, ce jour du sainct mon patron.

HENRY.

LETTRE DE HENRY IV

A EMMANUEL DE FAUCIGNY,

COMTE DE LUCINGE EN BRESSE, BARON DES ALYMES, etc.

Monsieur le comte de lucinge, jay eu grand plaisir destre assuré par vostre lettre que ce gentilhomme a vous ma presentée, de la continuation de vostres fidelyté et affection enuers moy et ma couronne, et comme je me promets que selon mon dezir vous perseuererez en lune et laultre, je vous veux bien permettre et accorder que vous alliez visitter mes freres les Archiducs, puisquils vous ont conuié de ce faire. comme aussi je ne doute point que ne suiuyez entout lexemple des vostres et notablement celluy de vostre pere, vous pouuez estre asseuré de la continuation de ma bonne volonté pour vous; pryant Dieu, monsieur le comte de lucinge, quil vous ayt tousjours en sa saincte garde.

Escrit a fontainebleau le 29 jour de novembre 1607.

HENRY.

Et plus bas :

BRUSLARD.

LETTRE DU ROI LOUIS XIII

A RENÉ II DE FAUCIGNY-LUCINGE,

VICOMTE DE LOMPNES, ETC.

Mons. le Vicomte de Lompnes, ayant occasion de me loüer de vos bons offices, lorsque le Sieur Baron de Lux, mon lieutenant general en bourgogne et bresse, sur ces occurrences dernieres, est allé visiter mes places de bresse et de bugey, et sachant que lassistance quil a recüe de vous a fort utilement seruy pour lexercice et manutention de mon authorité esdits lieux, comme aussy pour la conseruation de mes subjects en la fidelle obeyssance quils me doibvent; je vous ay bien voullu desclarer la bonne volonté que jay de le reconnoistre à legal de celle que vous avez monstrée pour mon service, et en attendant que vous mayez adverty comment je le puys faire, je prieray Dieu quil vous ayt, Mons. le Vicomte de Lompnes, en sa sainte garde.

Ecrit à Paris le 13e jour de juin 1610.

LOUYS.

Et plus bas :

POTIER.

LETTRE DU CARDINAL DE RICHELIEU

A EMMANUEL DE FAUCIGNY, COMTE DE LUCINGE, ETC.

Monsieur,

J'ay pensé qu'auparavant de retourner faire vostre charge et rentrer dans Casal, il vous pourroit estre agreable d'aller saluer leurs Altesses de Sauoye, vous trouvant a proximité de le faire, veu l'ancienne origine que vous auez de leurs pays et la bonne volonté pour vous qui s'en doit suivre naturellement de leur costé. je vous aduertis que je n'y verrois nul inconuenient pour le service du Roy, et trouuant donc quelques occasions de pouuoir parler prudemment, soit a Monsieur le Duc de Sauoye, soit a Madame Chrestienne de France, ou bien au Prince de Piedmond, son mary; vous diriez, s'il vous plaist, que les Marechaux de Bassompierre et de Crequy nous ont estrangement surpris en outrepassant, comme ils l'ont fait, les intentions du Roy, comme aussi les dernieres instructions que je leur auois données suiuant les ordres de Sa Majesté. De plus, qu'il ne vous sembleroit point impossible de surseoir a certains articles en addition sur le traitté de Suze, particullierement sur le fait de la citadelle de S. François, et finallement que vous ne sauriez doubter de mon particullier mescontentement, pour le tenir de moy mesme. Je vous asseure que toutes mes pensées sont tournées vers la paix auec Monsieur de Sauoye et je vous prie de le lui faire entendre (comme estant de votre obseruation) ainsy qu'a Madame Royalle, a quy j'espere pouuoir aller bientost baiser les mains. Vous pourrez compter a vostre retour sur les regiments de Villeroy et de Riberac, lesquels avec ceux de la Grange Cresmeaux, de Thoiras et de Maugiron, vous feront enuiron troix mille et deux cent hommes de pied. Pour toute chose en laquelle je vous puisse obliger, Monsieur, comptez moy pour estre passionnement vostre affectionné serviteur.

LE CARDINAL DUC DE RICHELIEU.

de Suze le 8 de mars.

LETTRE DE LOUIS XIV

A LOUIS IV DE FAUCIGNY-LUCINGE,

COMTE DE LUCINGE EN BRESSE, ETC.

BIBLIOTHÈQUE ROYALE

Mons. le Comte de Lucinge, desirant me servir de vous en vostre charge, auprès de mon Cousin le Comte d'Alais, Gouverneur et lieutenant General en ma province et armée de Provence, je vous faits cette lettre, pour vous dire que par l'advis de la Reyne Regente, Madame ma Mere, vous ayez, aussy tost la presente receüe, à vous aller employer aux fonctions de la mesme charge, et fassiez en vostre ditte qualité toute chose à vous commandée par mon dit Cousin pour mon service. Vous assurant que celuy que vous me rendrez audit employ me sera très agreable, ne pouvant manquer d'estre aussy profitable à mes affaires que par le passé. Sur ce, je prie Dieu, Mons. le Comte de Lucinge, qu'il vous ait en sa sainte garde.

Escrit à Amiens le 20 juin 1649.

LOUYS.

Et plus bas :

LE TELLIER.

LETTRE DE LOUIS XIV

AU MÊME

LOUIS IV, COMTE DE LUCINGE.

Mons. le Comte de Lucinge, ayant résolu de convoquer le ban et l'arrière ban de ma Noblesse de France, je vous ai bien voulu choysir pour commander les Gentilshommes de mes provinces de Bresse et de Bugey, sous les ordres de mon Cousin le Prince de Condé, Gouverneur de Bourgogne. Vous devrez donc au plutost vous concerter avec mes Baillifs d'Espée, en appelant, sommant et faisant sommer tous les Nobles de ces pays qui sont en obligation de s'armer et qui seront en puissance de vous suivre, pour après, leur commander qu'ils ayent à se rendre en ma ville de Lyon, où vous aurez soin de maintenir cette Noblesse en parfaite obeyssance, et de la faire exercer convenablement. Mon Cousin le Prince de Condé vous fera connoistre plus tard où vous devrez marcher pour le bien de mon service, avec vos Nobles; et m'ayant is bien desja prouvé votre capacité dans la science des armes, ainsi que votre affection pour ma personne et la gloire de ma couronne, je me borne à vous assurer de ma pleine confiance, priant Dieu, Mons. le Comte de Lucinge, qu'il vous veuille avoir en sa sainte garde.

A Saint Germain le 10 fevrier 1675.

LOUIS.

Et plus bas :

PHELYPPEAUX.

PARIS. — IMPRIMERIE DE COSSON, rue Saint-Germain-des-Prés, n° 9.

www.ingramcontent.com/pod-product-compliance
Lightning Source LLC
Chambersburg PA
CBHW072146270326
41931CB00010B/1905
9782019927837